SUSANNA WURZ

Simple Vegan
KITCHEN

Schnell und *vegan* durch den Alltag

SUSANNA WURZ

Simple Vegan KITCHEN

Schnell und *vegan* durch den Alltag

Dachbuch
Verlag

Dachbuch
Verlag

1. Auflage: März 2021
Veröffentlicht von Dachbuch Verlag GmbH, Wien

ISBN 978-3-903263-35-2
EPUB ISBN 978-3-903263-36-9

Texte, Rezepte und Zubereitung: Susanna Wurz

Fotografie: Susanna Wurz, Kassian Xander (Umschlag und Danksagung)

Lektorat: Teresa Emich
Korrektorat: Nikolai Uzelac
Satz und Umschlaggestaltung: Daniel Uzelac
Druck und Bindearbeiten: Rotografika, Subotica
Printed in Serbia

Besuchen Sie uns im Internet
www.dachbuch.at

Besuchen Sie Susanna Wurz im Internet
www.susannawurz.com

INHALT

GESUNDER LIFESTYLE

BALANCE IS THE KEY

Meine Tipps für einen gesunden Lifestyle

Die richtige Balance ist meiner Meinung nach das A und O für einen gesunden Lebensstil, das gilt für jeden Lebensaspekt. Gerade im Bereich Ernährung gibt es in meinen Augen kein »gesund« oder »ungesund«. Es ist wichtig, dass ihr selbst herausfindet, was euch guttut und was nicht. Das ist ein Prozess, bei dem ihr euch Zeit lassen und nicht überfordern solltet.

Es gibt kein »gesund« oder »ungesund«

Genießt euer Essen, egal ob es heute ein Salat oder morgen eine Pizza ist. Essen soll gut schmecken, Menschen zusammenbringen und allem voran unserem Körper Energie liefern.

Bewusst essen ist keine Diät

Sich bewusst zu ernähren, bedeutet nicht, auf Diät zu sein, vielmehr handelt es sich dabei um eine Lebenseinstellung. Das soll aber nicht heißen, dass man auf alles verzichten und hungern muss! Hört lieber intuitiv und bewusst auf euren Körper, der weiß sowieso am besten, was er gerade braucht.

Auf den Körper hören

Dem Körper das geben, was er gerade verlangt – an manchen Tagen hat man mehr Hunger und an manchen einfach weniger. Wenn ich mal Lust oder Heißhunger auf etwas Süßes habe, dann gönne ich mir das auch. Süßigkeiten müssen ja nicht immer ungesund sein.

Organisation

Jede bewusste Ernährungsumstellung braucht eine gewisse Organisation. Das hinzubekommen kann anfangs etwas länger dauern, aber hat man den Dreh erst einmal heraus, geht das super einfach.

Routine

Ich bin ein absoluter Routine-Mensch – meine Morgenroutine ist mir heilig. Seit ich angefangen habe, mir mein Frühstück bewusster zuzubereiten und mir Zeit zum Essen nehme, starte ich deutlich entspannter und mit mehr Energie in den Tag. Generell versuche ich, täglich drei Hauptmahlzeiten zu mir zu nehmen, an manchen Tagen kommen noch Snacks dazu. Durch diese Routine und Regelmäßigkeit ist meine Verdauung besser geworden und ich habe einen strukturierteren Tagesablauf gewonnen.

So individuell die Menschen sind, so unterschiedlich sehen auch ihre Routinen aus. Ganz egal, ob du ein Morgenmensch oder Morgenmuffel bist – versuche, dir jene Routine anzueignen, die für dich am besten ist.

Kreativität

Stichwort Kreativität: Beim Kochen sind euch keine Grenzen gesetzt! Habt keine Angst, experimentiert herum, probiert

Neues aus und traut euch – das bringt Abwechslung in den Food-Alltag. Vielleicht gibt es ganz spezielle Lebensmittel, von denen ihr immer wieder gehört, die ihr aber noch nie ausprobiert habt. Traut euch einfach drüber und findet euer neues Musthave-Rezept für die Küche.

Ausgewogenheit

Kennt ihr die Aussage »rainbow on my plate«? Versucht doch einmal, dieses Motto in euren Speiseplan (vor allem bei Hauptmahlzeiten) zu integrieren. Es sollten Kohlenhydrate, Eiweiße und Fette darauf zu finden sein. Und vergesst auch nicht auf Vitamine, Mineralstoffe und Co. So werden eure Teller bunt wie ein Regenbogen!

Vorbereitung und Planung

Manchmal kann es passieren, dass man mit einem knurrenden Magen vor dem gähnend leeren Kühlschrank steht und einfach nicht weiß, was man sich kochen soll. Damit das nicht passiert, habe ich angefangen, mir am Anfang der Woche grob aufzuschreiben, was ich wann kochen möchte. Danach wird eine Einkaufsliste geschrieben, damit auch wirklich nur die Lebensmittel von dieser Liste in meinen Kühlschrank kommen. Natürlich funktioniert das nicht immer, weil manchmal spontan ein Businesslunch oder Dinnerdate mit einer Freundin ansteht. Um eure Einkäufe besser zu planen, schreibt euch also einen kleinen Koch-Plan für die Woche zusammen.

Aufbewahrung

Ich koche generell lieber mehr Portionen auf einmal, denn das spart Zeit und Geld. In meiner Küche finden sich daher viele verschiedene Behältnisse und wiederverwendbare Beutel für den Kühlschrank und die Gefriertruhe.

FRÜHSTÜCK

KAROTTEN PANCAKES

1 Portion · 10 Minuten Vorbereitungszeit · 20 Minuten Zubereitungszeit

Was du brauchst

» 60 g Dinkelvollkornmehl
» 1 Karotte (gerieben)
» 2 TL Backpulver
» 1 Banane

» Süßungsmittel nach Wahl (für dieses Rezept verwende ich Kokosblütensirup)

» 1 Msp Zimt
» Schuss Haferdrink
» etwas Kokosöl
» Toppings nach Wahl

Wie's geht

1 Zuerst die trockenen Zutaten, also Dinkelmehl, Backpulver und Zimt in eine Schüssel geben und gut durchmischen.

2 Die Banane mit einer Gabel zerdrücken und mit der geriebenen Karotte sowie dem Kokosblütensirup vermischen. Dabei Haferdrink hinzufügen, bis eine feste Masse entsteht.

3 Eine beschichtete Pfanne mit etwas Kokosöl einstreichen und die Pancakes Stück für Stück ausbacken. Pro Pancake etwa 2-3 EL Teig verwenden und wenden, sobald sich an der Oberfläche Bläschen bilden. ANMERKUNG: PANCAKES IMMER AUF EHER NIEDRIGER STUFE AUSBACKEN, DAMIT SIE AUCH INNEN GUT DURCH SIND!

4 Mit verschiedenen Toppings (wie Nüsse oder Beeren) nach Belieben garnieren.

Tipp

Die Pancakes schmecken in Kombination mit selbstgemachtem Eis (Rezept siehe Seite 132) einfach himmlisch!

HAFERDRINK

1 Liter · 5 Minuten Vorbereitungszeit · 5 Minuten Zubereitungszeit

Was du brauchst

- » 120 g Haferflocken (feinblättrig)
- » 120 ml Wasser
- » Prise Salz
- » 1 Msp Zimt
- » 3 Datteln (entsteint)

Wie's geht

1 Zunächst alle Zutaten in einen Mixer geben und für 10 Minuten stehen lassen, damit die Haferflocken quellen können.
2 Sobald die Haferflocken lange genug eingeweicht sind, alles gut durchmixen.
3 Die Flüssigkeit mit einem Nussmilchbeutel absieben und aus diesem gut herauspressen. Alternativ funktioniert auch ein sauberes Küchentuch. ACHTUNG: DIE HAFERFLOCKENRESTE, DIE IM BEUTEL ODER TUCH ÜBRIG BLEIBEN, LASSEN SICH WIEDERVERWERTEN, Z.B. BEIM BACKEN ODER IM PORRIDGE.

Tipp

Mit diesem Rezept kann man ganz individuell Pflanzendrinks selbst herstellen. Ich persönlich habe es immer als schwierig empfunden, eine Milch-Alternative zu finden, die wirklich zu 100 % schmeckt. Nach einigen Malen des Ausprobierens kann ich euch versichern, dass ihr keine andere mehr wollt als diese.

HIRSE PORRIDGE

1 Portion · 10 Minuten Vorbereitungszeit · 20 Minuten Zubereitungszeit

Was du brauchst

- » 80 g Hirseflocken
- » 200 ml Sojadrink
- » 150 ml Wasser

- » ein paar Tropfen Vanilleextrakt (alternativ auch Vanillezucker)
- » 2 EL Kokosblütensirup

- » 1 Msp Zimt
- » 1 EL Kokosöl
- » 1 Nektarine
- » Kokoschips (als Topping)

Wie's geht

1 Die Hirseflocken mit Sojadrink, Wasser, Vanilleextrakt, Kokosblütensirup und Zimt in einen Topf geben und mit heißem Wasser bedecken. Solange köcheln lassen, bis eine breiige Konsistenz entsteht. Je nach Bedarf süßen.

2 Bei niedriger Hitze für einige Minuten ziehen lassen. Dazwischen immer wieder umrühren.

3 Die Nektarine waschen und in kleine Stücke schneiden. Anschließend in einer beschichteten Pfanne in etwas Kokosöl anbraten. Mit dem Hirseporridge und Kokoschips servierfertig anrichten.

CHIA PANCAKES

2 Portionen · 10 Minuten Vorbereitungszeit · 20 Minuten Zubereitungszeit

Was du brauchst

- » 150 g Vollkornmehl
- » 2 EL Chiasamen
- » 2 TL Backpulver
- » 1 EL Apfelessig
- » 150 ml Pflanzendrink (nach Belieben)
- » 1 Msp Zimt (optional)

- » 2 EL Süßungsmittel nach Wahl (ich verwende für dieses Rezept Kokosblütensirup)
- » 1 EL Kokosöl
- » Blaubeeren (frisch oder tiefgefroren)

Wie's geht

1 Zuerst die trockenen Zutaten, also Vollkornmehl, Chiasamen, Backpulver und Zimt in eine Schüssel geben und gut durchmischen.

2 Nun die flüssigen Zutaten mit den trockenen vermengen und alles gut vermischen, bis ein dickflüssiger Teig entsteht. Nach Bedarf etwas süßen.

3 Die fertige Masse für eine Weile stehen lassen, damit die Chiasamen aufquellen können.

4 Eine beschichtete Pfanne mit etwas Kokosöl einstreichen und die Pancakes nach und nach ausbacken. Pro Pancake etwa 2-3 EL Teig verwenden und wenden, sobald sich an der Oberfläche Bläschen bilden. ACHTUNG: PANCAKES IMMER AUF EHER NIEDRIGER STUFE AUSBACKEN, DAMIT SIE AUCH INNEN GUT DURCH SIND!

5 Zu guter Letzt mit Blaubeeren und etwas Kokosblütensirup toppen und servierfertig anrichten.

CHIA PORRIDGE MIT GLASIERTEN ÄPFELN

1 Portion · 5 Minuten Vorbereitungszeit · 15 Minuten Zubereitungszeit

Was du brauchst

» 60 g Haferflocken (feinblättrig)
» 1 EL Chiasamen
» 150 ml Haferdrink
» 1 Msp Zimt

» 2 EL Kokosblütenzucker
» 1 Apfel
» 1 EL Kokosöl

Wie's geht

1 Haferflocken und Chiasamen mit Zimt und dem Haferdrink in einen Topf geben und unter ständigem Rühren zum Kochen bringen. Ist das Porridge aufgequollen, auf eine niedrigere Stufe zurückdrehen.

2 In der Zwischenzeit den Apfel waschen, entkernen, in kleine Stücke schneiden und in einer beschichteten Pfanne mit etwas Kokosöl, Zimt und Kokosblütenzucker anbraten.

3 Das fertige Porridge in eine Schüssel füllen und mit den glasierten Äpfeln sowie Mandelmus toppen.

DOUBLE CHOCOLATE PORRIDGE

1 Portion · 5 Minuten Vorbereitungszeit · 15 Minuten Zubereitungszeit

Was du brauchst

- » 60 g Haferflocken (feinblättrig)
- » 120 ml Haferdrink
- » 2 EL Apfelmus
- » 1 EL Backkakaopulver

TOPPING
- » 1 Banane
- » selbstgemachte Schokoladensauce (Rezept siehe Seite 180)

- » Mandelmus (Rezept siehe Seite 122)
- » Sesam
- » Cashewkerne
- » Zimt

Wie's geht

1 Die Haferflocken mit dem Haferdrink in einen Topf geben und unter ständigem Rühren zum Kochen bringen. Solange leicht köcheln lassen, bis eine cremige Masse entsteht und anschließend auf niedrigere Stufe zurückdrehen.

2 Apfelmus und Backkakaopulver unterrühren, abschmecken und noch einige Minuten weiterköcheln lassen.

3 Das fertige Porridge in eine Schüssel füllen und mit Bananenstückchen, selbstgemachter Schokoladensauce, Mandelmus, Zimt, Cashewkernen und etwas Sesam nach Belieben toppen.

SCHOKOLADEN-PANCAKES MIT GEBRATENER BANANE

1 Portion · 5 Minuten Vorbereitungszeit · 20 Minuten Zubereitungszeit

Was du brauchst

» 70 g Haferflocken (großblättrig)
» 1 Banane
» 120 ml Pflanzendrink
» 2 TL Backpulver
» 2 EL Backkakaopulver
» 1 Msp Zimt

» 1 EL Kokosöl

TOPPING

» selbstgemachte Schokoladensauce
(Rezept siehe Seite 180)
» Blaubeeren

Wie's geht

1 Die Haferflocken in einen Mixer geben und zu Hafermehl mixen.

2 Eine ½ Banane sowie Pflanzendrink, Backpulver und Zimt hinzufügen und erneut alles durchmixen, bis ein dickflüssiger Brei entsteht.

3 Eine beschichtete Pfanne mit etwas Kokosöl einstreichen und die Pancakes nach und nach ausbacken. Pro Pancake etwa 2-3 EL Teig verwenden und wenden, sobald sich an der Oberfläche Bläschen bilden. ACHTUNG: PANCAKES IMMER AUF EHER NIEDRIGER STUFE AUSBACKEN, DAMIT SIE AUCH INNEN GUT DURCH SIND!

4 Erneut eine beschichtete Pfanne mit etwas Kokosöl einstreichen und die restliche Hälfte der Banane bei niedriger Hitze anbraten. Zum Abschluss die Pancakes mit der gebratenen Banane, Blaubeeren und etwas Schokoladensauce toppen und servierfertig anrichten.

Tipp

Mein persönlicher Serviervorschlag: Jeweils einen Pancake auf den Teller geben, einen Teil vom Kokosjoghurt darauf verteilen und die Prozedur solange wiederholen, bis sich ein schöner Stapel Pancakes ergibt.

MATCHA PANCAKES

1 Portion · 10 Minuten Vorbereitungszeit · 20 Minuten Zubereitungszeit

Was du brauchst

- » 70 g Mehl nach Wahl
- » 1 TL Matchapulver
- » 100-200 ml Haferdrink
- » ½ Mango (essreif)

- » 2 TL Backpulver
- » 2 EL Agavensirup
- » 1 EL Kokosöl
- » Toppings nach Wahl

Wie's geht

1 Mehl samt Back- und Matchapulver in eine Schüssel geben und ordentlich durchmischen. Anschließend mit einem Sieb durchfiltern, damit keine Klümpchen entstehen.

2 Die ½ Mango gut waschen, in kleine Stücke schneiden und mit einem Mixer oder Pürierstab pürieren.

3 Die flüssigen Zutaten, also Mango-Püree, Agavensirup und Haferdrink mit den trockenen vermengen und alles gut durchmischen.

4 Eine beschichtete Pfanne mit etwas Kokosöl einstreichen und die Pancakes nach und nach ausbacken. Pro Pancake etwa 2-3 EL Teig verwenden und wenden, sobald sich an der Oberfläche Bläschen bilden. ACHTUNG: PANCAKES IMMER AUF EHER NIEDRIGER STUFE AUSBACKEN, DAMIT SIE AUCH INNEN GUT DURCH SIND!

5 Mit verschiedenen Toppings nach Belieben garnieren. Ich verwende für dieses Rezept Kokosjoghurt, frische Beeren und Kokosblütenzucker.

PFIRSICH PORRIDGE

1 Portion · 5 Minuten Vorbereitungszeit · 15 Minuten Zubereitungszeit

Was du brauchst

» 2 reife Pfirsiche
» 65 g Haferflocken
  (feinblättrig)
» 140 ml Pflanzendrink
  nach Wahl (für dieses

Rezept verwende ich
Sojadrink)
» 1 Msp Zimt
» 1 EL Kokosöl

TOPPING
» Cashewkerne
» Kokosjoghurt
» Zimt
» Mandelbutter

Wie's geht

1 Beide Pfirsiche gut waschen und einen davon in kleine Stücke schneiden.
2 Den kleingeschnittenen Pfirsich mit dem Sojadrink und Zimt in einen Mixer geben (funktioniert auch genauso gut mit einem Pürierstab) und ordentlich durchmixen, bis eine dickflüssige Masse entsteht.
3 Die Haferflocken mit der Pfirsich-Sojadrinkmischung in einen Topf geben und mit heißem Wasser bedecken.
4 Leicht köcheln lassen, bis eine breiige Masse entsteht.
5 Eine beschichtete Pfanne mit etwas Kokosöl einstreichen. Den zweiten Pfirsich halbieren, den Kern entfernen und bei mittlerer Hitze anbraten.
6 Das fertige Porridge mit etwas Kokosjoghurt, Zimt, Cashewkernen, Mandelbutter und den angebratenen Pfirsichen toppen und servierfertig anrichten.

BASIC BANANA PORRIDGE

1 Portion · 5 Minuten Vorbereitungszeit · 10 Minuten Zubereitungszeit

Was du brauchst

» 60 g Haferflocken (feinblättrig)
» ½ Banane
» 1 EL Chiasamen
» 1 Msp Zimt
» 120 ml Haferdrink

TOPPING (OPTIONAL)
» ½ Banane
» Rawnola (Rezept siehe Seite 178)
» Mandelmus (Rezept siehe Seite 122)
» Himbeeren (frisch oder tiefgefroren)
» Zimt

Wie's geht

1 Die Haferflocken mit den Chiasamen, dem Haferdrink und Zimt in einen Topf geben und gut vermischen. Die ½ Banane mit einer Gabel zerdrücken, ebenfalls hinzufügen und mit heißem Wasser bedecken.

2 Alles kurz aufkochen, danach die Temperatur zurückdrehen und weiterköcheln lassen, bis eine breiige Konsistenz entsteht (wer es cremiger bevorzugt, einfach noch etwas Haferdrink hinzugeben). Je nach Bedarf süßen.

3 Das fertige Porridge in eine Schüssel füllen und nach Belieben toppen.

AÇAI BOWL

1 Portion · 5 Minuten Vorbereitungszeit · 5 Minuten Zubereitungszeit

Was du brauchst

» 1 gefrorene Açai-Platte
» 2 kleine gefrorene Bananen (ca. 200 g)
» 1 Handvoll Blaubeeren (frisch oder tiefgefroren)

» 3 EL Kokosjoghurt
» 50-100 ml Haferdrink
» 1 EL Mandelbutter

Wie's geht

1 Alle Zutaten in einen Mixer geben und gut durchmixen, bis eine cremige Masse entsteht.
2 Die Açai-Masse in eine Schüssel füllen und nach Belieben toppen. Meine liebste Combo lautet: Rawnola (Rezept siehe Seite 178), Mandelbutter, gepuffte Hirse, Blaubeeren und Buchweizen.

BUCHWEIZEN PORRIDGE MIT GEBRATENEM APFEL

1 Portion · 4 Stunden Vorbereitungszeit · 15 Minuten Zubereitungszeit

Was du brauchst

» 80 g Buchweizen
» 200 ml Haferdrink oder ein anderer
Pflanzendrink
» 2 TL Süßungsmittel nach Wahl (für
dieses Rezept verwende ich Agavensirup)
» ½ Apfel
» 1 EL Kokosöl

» 1 Msp Zimt

TOPPING

» Kokosjoghurt
» Blaubeeren (frisch oder tiefgefroren)
» Mandelmus
» Zimt

Wie's geht

1 Zuerst den Buchweizen für mindestens 4 Stunden in lauwarmem Wasser einweichen (noch besser: über Nacht).

2 Den eingeweichten Buchweizen in ein Sieb umfüllen und gründlich abwaschen.

3 Nun kommen ¾ der Buchweizenmasse mit etwas Haferdrink in einen Topf, in dem alles mit einem Pürierstab zu einem flüssigen Brei durchpüriert wird (Alternative: Standmixer). Danach die restliche Masse hinzufügen.

4 Der restliche Haferdrink sowie etwas Agavensirup in den Topf dazu geben und alles bei niedriger Hitze solange köcheln lassen, bis eine dickflüssige Konsistenz entsteht.

5 Das Porridge anschließend in eine Schüssel füllen.

6 In der Zwischenzeit den ½ Apfel gut waschen und in kleine Stücke schneiden. Eine beschichtete Pfanne mit etwas Kokosöl einstreichen und die Apfelstücke mit Zimt anbraten, bis sie schön glasig sind.

7 Das fertige Porridge nach Belieben mit Kokosjoghurt, den gebratenen Apfelstücken, Blaubeeren, trockenem Buchweizen (für den Crunch), Zimt, Agavensirup und Mandelmus toppen.

KÜRBIS PANCAKES

1 Portion · 5 Minuten Vorbereitungszeit · 20 Minuten Zubereitungszeit

Was du brauchst

- » 50 g Buchweizenmehl
- » 120 g Hokkaidokürbis
- » 2 TL Backpulver
- » 1 TL Zimt
- » 80 g Soja-Quarkalternative

- » 40 g Apfelmus
- » 100 ml Mandeldrink
- » 1 EL Kokosöl
- » Toppings nach Wahl

Wie's geht

1 Den Hokkaidokürbis aushöhlen, in kleine Stücke schneiden und in einem Topf vorkochen, bis er gar ist. Im Anschluss im Mixer durchmixen oder mit dem Pürierstab durchpürieren.

2 Im nächsten Schritt die trockenen Zutaten, also Buchweizenmehl, Backpulver und Zimt miteinander vermischen.

3 Danach die flüssigen Zutaten mit den trockenen vermengen, bis ein dickflüssiger Teig entsteht. Nach Bedarf mit Agavensirup süßen.

4 Eine beschichtete Pfanne mit etwas Kokosöl einstreichen und die Pancakes nach und nach ausbacken. Pro Pancake etwa 2-3 EL Teig verwenden und wenden, sobald sich an der Oberfläche Bläschen bilden. ACHTUNG: PANCAKES IMMER AUF EHER NIEDRIGER STUFE AUSBACKEN, DAMIT SIE AUCH INNEN GUT DURCH SIND!

5 Pancakes nach Belieben garnieren und servierfertig anrichten. Ich verwende für dieses Rezept Kokosjoghurt, Bananenstückchen, Puderzucker und selbstgemachte Schokoladensauce (Rezept siehe Seite 180).

ZITRONEN-MOHN PORRIDGE

1 Portion · 5 Minuten Vorbereitungszeit · 15 Minuten Zubereitungszeit

Was du brauchst

» 60 g Haferflocken (feinblättrig)
» 200 ml Haferdrink
» 100 ml Wasser
» Saft einer Zitrone
» 2 TL Mohn
» Süßungsmittel nach Wahl (für dieses Rezept verwende ich Kokossirup)

TOPPING

» Blaubeeren (frisch oder tiefgefroren)
» Kokosjoghurt
» Schuss Haferdrink

Wie's geht

1 Die Haferflocken mit Haferdrink und Wasser in einen Topf geben und unter ständigem Rühren zum Kochen bringen. Dann auf eine niedrigere Stufe zurückdrehen. Zitronensaft, Mohn und ein wenig Kokossirup hinzufügen, erneut gut durchrühren, abschmecken und noch einige Minuten weiterköcheln lassen.

2 Das fertige Porridge in eine Schüssel füllen und mit ein paar Blaubeeren, etwas Kokosjoghurt und einem Schuss Haferdrink toppen.

Info

Porridge ist mein absolutes Lieblingsfrühstück und steht 365 Tage im Jahr morgens auf dem Tisch. Dieses Zitronen-Mohn Porridge eignet sich durch seine frische Note als ideales Gericht für den Sommer.

VEGANER FRENCH TOAST

1 Portion · 5 Minuten Vorbereitungszeit · 20 Minuten Zubereitungszeit

Was du brauchst

- » 3 Scheiben Toastbrot
- » 150 ml Haferdrink
- » 3 EL Kichererbsenmehl
- » 1 Msp Zimt

- » 2 EL Kokosblütensirup
- » 1 EL Kokosöl
- » Toppings nach Wahl

Wie's geht

1 Den Haferdrink mit Kichererbsenmehl, Zimt und Kokosblütensirup in eine Schüssel geben und verquirlen.

2 Die Toastscheiben nach und nach in die Haferdrink-Mischung legen, bis sich das Brot mit der Flüssigkeit vollgesogen hat.

3 Eine beschichtete Pfanne mit Kokosöl einstreichen und bei mittlerer Hitze darin die Toastscheiben portionsweise von beiden Seiten her goldbraun braten.

4 Den French Toast nach Belieben toppen, z.B. mit Kokosjoghurt und Früchten.

VEGANE BUTTERMILCH PANCAKES

1 Portion · 5 Minuten Vorbereitungszeit · 20 Minuten Zubereitungszeit

Was du brauchst

- » 30 g Vollkornmehl
- » 40 g Buchweizenmehl
- » 120 ml Sojadrink
- » 1 EL Apfelessig

- » 3 EL Soja-Quarkalternative
- » 2 EL Kokosblütenzucker (alternativ: Agavendicksaft)
- » 2 TL Backpulver

- » 1 EL Kokosöl
- » 1 Msp Zimt
- » Himbeeren (frisch oder tiefgefroren)
- » Ahornsirup

Wie's geht

1 Sojadrink und Apfelessig in einer Schüssel vermischen, gut miteinander verrühren und für 10 Minuten stehen lassen. Das ist die vegane Alternative zu Buttermilch.

2 Danach alle trockenen Zutaten in eine Schüssel geben und ordentlich durchmischen.

3 Im nächsten Schritt die flüssigen Zutaten mit den trockenen vermengen, bis ein dickflüssiger Teig entsteht. Nach Bedarf süßen.

4 Eine beschichtete Pfanne mit etwas Kokosöl einstreichen und die Pancakes nach und nach ausbacken. Pro Pancake etwa 2-3 EL Teig verwenden und wenden, sobald sich an der Oberfläche Bläschen bilden. ACHTUNG: PANCAKES IMMER AUF EHER NIEDRIGER STUFE AUSBACKEN, DAMIT SIE AUCH INNEN GUT DURCH SIND!

5 Die fertigen Pancakes mit etwas Soja-Quarkalternative, den Himbeeren und Ahornsirup toppen.

SÜßES QUINOA PORRIDGE

1 Portion · 5 Minuten Vorbereitungszeit · 10 Minuten Zubereitungszeit

Was du brauchst

- » 60 g Quinoa
- » 1 Banane
- » 1 EL Ahornsirup
- » 1 EL Chiasamen
- » 1 EL Hanfsamen
- » 150 ml Sojadrink
- » 150 ml Wasser
- » Toppings nach Wahl

Wie's geht

1 Quinoa in einem Sieb unter warmem, fließendem Wasser gut waschen, damit alle Bitterstoffe ausgespült werden.

2 Die Banane mit einer Gabel zerdrücken und mit Quinoa und den restlichen Zutaten in einem kleinen Topf aufkochen. Sobald alles aufgekocht ist, die Hitze etwas reduzieren. Bei Bedarf nachsüßen und weiterköcheln lassen, bis die Flüssigkeit komplett aufgesogen ist.

3 Das fertige Porridge nach Belieben mit Früchten, einem Schuss Ahornsirup und Kokoschips toppen und servierfertig anrichten.

KOKOS-SÜßKARTOFFEL PANCAKES

2 Portionen · 50-60 Minuten Vorbereitungszeit · 20 Minuten Zubereitungszeit

Was du brauchst

» 2 kleine bzw. 1 große Süßkartoffel (ca. 200 g)
» 80 g Mehl nach Wahl (für dieses Rezept verwende ich Dinkelvollkornmehl)
» 2 TL Kokosöl

» 2 TL Backpulver
» 200 ml Haferdrink
» 2 EL Ahornsirup
» 1 Msp Zimt

Wie's geht

1 Die Süßkartoffel gut waschen, mit einer Gabel mehrmals anstechen und den Backofen auf 200 °C Ober- und Unterhitze vorheizen. Nun die Süßkartoffel für etwa 50 Minuten backen. ACHTUNG: FALLS DIESE VARIANTE ZU LANGE DAUERT, KANN MAN DIE SÜßKARTOFFEL AUCH SCHÄLEN, IN KLEINE STÜCKE SCHNEIDEN UND FÜR ETWA 10 MINUTEN IM TOPF KOCHEN, BIS SIE WEICH IST.

2 Die weiche Süßkartoffel aus dem Backofen nehmen und schälen. Das Innere mit einer Gabel zerdrücken und in eine Schüssel geben.

3 Die restlichen Zutaten hinzufügen und mit einem Schneebesen vermischen.

4 Eine beschichtete Pfanne mit etwas Kokosöl einstreichen und die Pancakes nach und nach ausbacken. Pro Pancake etwa 2-3 EL Teig verwenden und wenden, sobald sich an der Oberfläche Bläschen bilden. ACHTUNG: PANCAKES IMMER AUF EHER NIEDRIGER STUFE AUSBACKEN, DAMIT SIE AUCH INNEN GUT DURCH SIND!

5 Zu guter Letzt die fertigen Pancakes nach Belieben toppen, etwa mit Kokosjoghurt, frischen Himbeeren und einem Schuss Ahornsirup.

HAUPT-
GERICHTE

CREMIGE PASTA

2 Portionen · 60 Minuten Vorbereitungszeit · 15 Minuten Zubereitungszeit

Was du brauchst

» 120 g Pasta (für dieses Rezept verwende ich Penne)
» 70 g Cashewkerne
» ½ Würfel Gemüsebrühe
» 4 EL Hefeflocken
» Wasser

» 2 kleine Zucchini
» 1 Dose Kidneybohnen (240 g Abtropfgewicht)
» frischer Rosmarin
» 1 Glas Artischocken

Wie's geht

1 Die Cashewkerne für etwa 1 Stunde in warmem Wasser einweichen.
2 Währenddessen die Pasta nach Packungsanleitung in Salzwasser al dente kochen und anschließend abseihen.
3 Die Zucchini gut waschen, halbieren und in kleine Stücke schneiden. Die Zucchini-Stücke in eine Pfanne geben und in etwas Wasser dünsten.
4 In der Zwischenzeit die eingeweichten Cashewkerne, 100 ml Wasser, einen ½ Würfel Gemüsebrühe und Hefeflocken in einen Mixer geben und gut durchmixen, bis eine saucenartige Konsistenz entsteht.
5 Die Pasta mit den gedünsteten Zucchini, Artischocken, Kidneybohnen und der Cashewkern-Sauce in einem Topf vermengen und erneut aufkochen.
6 Abschließend alles mit frischem Rosmarin und etwas Hefeflocken (als Parmesan-Ersatz) anrichten.

VEGANE FALAFEL MIT KRÄUTERDIP UND HUMMUS

3 Portionen · 10 Minuten Vorbereitungszeit · 30 Minuten Zubereitungszeit

Was du brauchst

FALAFEL

» 300 g Kichererbsen
» 50 g Haferflockenmehl
» 1 Knoblauchzehe
» Salz
» Pfeffer
» 1 großer Bund frische Petersilie
» Olivenöl zum Bestreichen

BASIC HUMMUS

» Rezept siehe Seite 120

KRÄUTERSAUCE

» 200 g Kokosjoghurt (oder Joghurt nach Belieben)
» Salz
» Pfeffer
» frische Kräuter (nach Belieben)
» Saft einer Zitrone

Wie's geht

1 Für die Falafel alle angegebenen Zutaten in einen Mixer geben und durchmixen, bis eine grobkörnige Konsistenz entsteht.

2 Aus der Masse kleine Falafel formen – dazu am besten die Hände leicht anfeuchten.

3 Ein Backblech mit Backpapier auskleiden, die fertigen Falafel gleichmäßig darauf verteilen und mit Olivenöl bestreichen.

4 Die Bällchen 12 Minuten lang im vorgeheizten Backofen bei 200 °C Ober- und Unterhitze backen.

5 Nach abgelaufener Zeit die Falafel wenden, abermals mit Olivenöl bestreichen und für weitere 10 Minuten backen.

6 In der Zwischenzeit können alle Zutaten für die Kräutersauce zusammengemischt werden. Dazu das Kokosjoghurt mit dem Zitronensaft vermischen, frische Kräuter hinzugeben und mit Salz und Pfeffer abschmecken.

7 Falafel eignen sich hervorragend zu selbstgemachten Wraps (Rezept siehe Seite 58) mit Hummus, Kräutersauce, Salat und frischem Gemüse.

GEFÜLLTE AUBERGINEN

2 Portionen · 15 Minuten Vorbereitungszeit · 45 Minuten Zubereitungszeit

Was du brauchst

- » 2 Auberginen
- » 150 g Linsen
- » ½ Zwiebel
- » 1 Knoblauchzehe
- » 200 ml passierte Tomaten
- » 100 ml vegane BBQ-Sauce
- » 2 EL Tomatenmark

- » Salz und Pfeffer
- » Wasser
- » ½ TL Currypulver
- » ½ TL Paprika Edelsüß
- » 1 Msp Cayennepfeffer
- » 1 Msp Kurkuma
- » gemahlener Ingwer

- » frisches Basilikum
- » 2 Tomaten
- » Olivenöl zum Anbraten
- » veganer Parmesan
  (Rezept siehe Seite 188)

Wie's geht

1 Die Linsen nach Packungsanleitung kochen (es eignen sich aber auch fertig gekochte Linsen aus der Dose).

2 Im nächsten Schritt die Auberginen gut waschen, jeweils halbieren und mit einem Messer mehrmals die Oberfläche anstechen. Danach mit Olivenöl beträufeln.

3 Ein Backblech mit Backpapier auskleiden. Die Auberginen bei 190 °C Ober- und Unterhitze im vorgeheizten Backofen für ca. 30 Minuten backen.

4 In der Zwischenzeit die Linsen zubereiten. Die Zwiebel in kleine Würfel schneiden und die Knoblauchzehe mit einem Messer fein hacken. Einen Schuss Olivenöl in eine beschichtete Pfanne geben und Zwiebel sowie Knoblauch gleichmäßig darin anbraten.

5 Das Tomatenmark und alle angegebenen Gewürze hinzugeben und mit einem zusätzlichen Schuss Wasser ordentlich verrühren.

6 Die vegane BBQ-Sauce und die Linsen mit frischem Basilikum hinzufügen. Erneut alles gut miteinander vermengen und bei geringer Hitze kurz weiterköcheln lassen.

7 Sobald die Auberginen fertig sind, das Blech aus dem Backofen nehmen und das Innere mit einem Löffel ausschaben. AN-MERKUNG: DAS INNERE NICHT WEGWERFEN, ES LÄSST SICH NOCH ZU AUFSTRICH VERARBEITEN.

8 Die Tomaten gut waschen, in kleine Stücke schneiden und mit frischem Basilikum, Pfeffer und den passierten Tomaten in eine Auflaufform geben.

9 Die ausgeschabten Auberginen gleichmäßig in der Form verteilen und mit den Linsen befüllen.

10 Mit veganem Parmesan toppen und noch einmal für 15-20 Minuten bei 190 °C Ober- und Unterhitze im Backofen backen.

11 Die gefüllten Auberginen mit Reis, Couscous oder frischem Brot anrichten.

GEFÜLLTE SÜßKARTOFFELN – THE MEXICAN WAY

4 Portionen · 10 Minuten Vorbereitungszeit · 5 Minuten Zubereitungszeit

Was du brauchst

» 4 kleine Süßkartoffeln
» 2 Karotten
» 1 Dose Kidneybohnen
» ½ Block Feto (veganer Feta)
» 4 Tomaten
» 250 ml passierte Tomaten

» 1 Avocado
» Saft einer Zitrone
» Sojajoghurt (als Topping)

GEWÜRZE
» Kurkuma
» Paprikapulver
» Currypulver

» Gewürzmischung (nach Belieben)
» Salz
» Pfeffer
» Cayennepfeffer

Wie's geht

1 Die Süßkartoffeln gründlich waschen und mit einer Gabel mehrmals die Oberflächen anstechen.

2 Ein Backblech mit Backpapier auskleiden, die Süßkartoffeln gleichmäßig darauf verteilen und für 40-50 Minuten (Zeit variiert je nach Größe) bei 200 °C Ober- und Unterhitze im vorgeheizten Backofen backen. Zwischendurch immer wieder mit einer Gabel einstechen, um zu prüfen, ob das Innere schon gar ist.

3 In der Zwischenzeit die Karotten und Tomaten gründlich waschen. Danach die Karotten raspeln und die Tomaten in kleine Stücke schneiden.

4 Die kleingeschnittenen Tomaten mit den passierten in einen Topf geben, alle angegebenen Gewürze hinzufügen und bei mittlerer Hitze für etwa 10 Minuten leicht köcheln lassen.

5 Zuletzt die Kidneybohnen sowie den veganen Feta hinzufügen, gut durchrühren und die Temperatur zurückdrehen.

6 Die Avocado halbieren, entkernen, aushöhlen und das Innere mit einer Gabel zerdrücken. Mit Zitronensaft, Salz und Pfeffer abschmecken.

7 Die Süßkartoffeln aus dem Ofen nehmen, in der Mitte aufschneiden und die Kidneybohnen-Masse darauf verteilen. Zum Schluss mit der Guacamole und etwas Sojajoghurt toppen sowie mit Salz und Cayennepfeffer verfeinern.

GLUTENFREIE EINFACHE WRAPS

3 Portionen (9 Wraps) · 15 Minuten Vorbereitungszeit · 15 Minuten Zubereitungszeit

Was du brauchst

- » 150 g Kichererbsenmehl
- » Salz
- » kaltes Wasser
- » 1 EL Kokosöl

Wie's geht

1 Das Kichererbsenmehl in eine Schüssel geben.

2 Nach und nach kaltes Wasser hinzufügen, bis eine flüssig-cremige Masse entsteht.

3 Salz hinzugeben und für ca. 10 Minuten ruhen lassen, damit das Kichererbsenmehl aufquellen kann.

4 Falls die Masse noch zu dickflüssig ist, einfach noch etwas kaltes Wasser dazugeben.

5 Eine beschichtete Pfanne mit Kokosöl einstreichen und die Wraps nach und nach ausbacken.

Info

Durch das Kichererbsenmehl sind die Wraps glutenfrei und liefern zudem jede Menge Proteine.

GREEN VEGAN POWER BOWL

2 Portionen · 15 Minuten Vorbereitungszeit · 30 Minuten Zubereitungszeit

Was du brauchst

- » 180 g Reis
- » 1 Bund Spargel (grün)
- » 1 Zucchini
- » 1 Avocado
- » ½ Paprika (grün)

- » Pinienkerne (Menge nach Belieben)
- » 1 EL Olivenöl
- » frische Petersilie
- » 200 g Edamame
- » Salz

- » Pfeffer
- » Gewürze nach Belieben
- » Saft einer Zitrone

ERBSENHUMMUS
- » Rezept siehe Seite 110

Wie's geht

1 Den Reis nach Packungsanleitung kochen.

2 Zuerst den Spargel vorbereiten: Waschen, schälen und die Enden etwas abschneiden. Den Spargel in reichlich Salzwasser für 10-15 Minuten in einem Topf bissfest garen. Der Spargel sollte dabei gänzlich mit Wasser bedeckt sein.

3 In der Zwischenzeit kann man den Erbsenhummus vorbereiten.

4 Paprika und Zucchini gut waschen und in kleine Stücke schneiden.

5 Den Spargel aus dem Wasser herausheben und abtropfen.

6 Olivenöl in einer beschichteten Pfanne verteilen, Paprika und Zucchini nach Belieben würzen und anbraten.

7 Das Gemüse aus der Pfanne nehmen und nun auch den Spargel in etwas Olivenöl anbraten.

8 Währenddessen die Edamame kurz in heißem Wasser auftauen.

9 In einer extra Pfanne die Pinienkerne rösten, bis sie goldbraun sind.

10 Alles in einer Schüssel anrichten und mit etwas Zitronensaft sowie frischer Petersilie garnieren.

Das A und O ist, das Gemüse richtig zu kochen - egal ob gefroren oder frisch!
Gemüse sollte immer bei niedriger bis mittlerer Temperatur gekocht und
nie einfach so in kochendes Wasser geworfen werden. So wird das Gemüse
schonender gegart und das übrige Kochwasser lässt sich für Saucen oder die
nächste Gemüsesuppe weiterverwenden.

COUSCOUS PIZZA

2 kleine Pizzen · 15 Minuten Vorbereitungszeit · 30 Minuten Zubereitungszeit

Was du brauchst

PIZZATEIG
- » 250 g Couscous
- » 3 EL Kichererbsenmehl
- » 1 ½ EL Chiasamen
- » 2 TL Gemüsebrühe-Pulver

- » 2 EL Olivenöl (für die ölfreie Variante einfach 3 EL Wasser nehmen)

BELAG
- » ½ Zucchini
- » Erbsen (Menge nach Belieben)

- » Pinienkerne (Menge nach Belieben)
- » frisches Basilikum
- » Sojajoghurt (Menge nach Belieben)
- » frische Feigen
- » Olivenöl
- » Gewürze nach Wahl

Wie's geht

1 Zuerst den Couscous mit dem Gemüsebrühe-Pulver nach Packungsanleitung kochen, bis der Couscous das gesamte Wasser aufgesogen hat.

2 Den gekochten Couscous mit dem Kichererbsenmehl, den Chiasamen und Olivenöl (oder Wasser) in einen Mixer geben und den Teig kurz durchmixen.

3 Ein Backblech mit Backpapier auskleiden und den Teig kreisförmig darauf ausbreiten. ANMERKUNG: HÄNDE ANFEUCHTEN, DANN LÄSST SICH DER TEIG BESSER IN FORM BRINGEN.

4 Den fertigen Teig für 25-30 Minuten bei 180 °C Umluft im vorgeheizten Backofen backen.

5 In der Zwischenzeit die Zucchini gut waschen, in feine Streifen schneiden und in einer beschichteten Pfanne in etwas Olivenöl mit den Gewürzen anbraten.

6 Die Pinienkerne ebenfalls in einer beschichteten Pfanne (ohne Öl!) kurz anbraten.

7 Die Erbsen in einen Topf geben und so viel Wasser hineinfüllen, sodass sie komplett bedeckt sind. Das Wasser zum Kochen bringen. Den Topf abdecken und die Erbsen köcheln lassen, bis sie gar sind.

8 Sobald der Teig gebacken ist, das Blech aus dem Ofen nehmen und abkühlen lassen. Die Couscous-Pizza mit Joghurt bestreichen und mit Zucchini, Feigen, Erbsen, Pinienkernen, frischem Basilikum und Pfeffer garnieren.

COUSCOUS SALAT MIT GERÄUCHERTEN KICHERERBSEN

4 Portionen · 15 Minuten Vorbereitungszeit · 30 Minuten Zubereitungszeit

Was du brauchst

- » 200 g Couscous
- » 1 Dose Kichererbsen (240 g Abtropfgewicht)
- » 3 EL Olivenöl
- » Salz
- » Pfeffer
- » ½ TL Currypulver
- » ½ TL Kurkuma
- » 1 TL Paprikapulver
- » flüssiger Rauch (Liquid Smoke)
- » ½ Gurke
- » 250 g Cherrytomaten
- » 3 EL milder Senf
- » Saft einer ½ Zitrone
- » frische Kräuter
- » Salat nach Wahl (für dieses Rezept mische ich Rucola mit Feldsalat)

Wie's geht

1 Die Kichererbsen in einem Sieb mit kaltem Wasser abspülen und gut abtropfen. Auf einem Backblech mit Backpapier verteilen, wobei sich die einzelnen Kichererbsen nicht berühren sollten. Anschließend bei 200 °C Ober- und Unterhitze für 15 Minuten in den vorgeheizten Backofen schieben.

2 In der Zwischenzeit die Marinade zubereiten: Dazu in einer Schüssel 3 EL Olivenöl, 15-20 Tropfen Liquid Smoke, Paprikapulver, Salz, Pfeffer, Currypulver und Kurkuma vermischen.

3 Die fertigen Kichererbsen aus dem Ofen nehmen, abkühlen lassen und in die Schüssel mit dem Dressing füllen. Alles gut durchmischen, sodass die Kichererbsen komplett mit Marinade bedeckt sind. Anschließend auf dem Backblech verteilen und für weitere 15 Minuten bei gleicher Temperatur backen.

4 Den Couscous nach Packungsanleitung zubereiten.

5 Danach mit Senf und frischen Kräutern (z.B. Petersilie) vermischen und das kleingeschnittene Gemüse samt Salat hinzufügen.

6 Die Kichererbsen aus dem Ofen nehmen und ebenfalls untermischen.

7 Den Couscous-Salat als Beilage oder auch als Hauptgericht servieren.

CREMIGE BASILIKUM PASTA - OHNE NÜSSE

2 Portionen · 15 Minuten Vorbereitungszeit · 15 Minuten Zubereitungszeit

Was du brauchst

- » 1 kleiner Blumenkohl (ca. 500 g)
- » 300 g Spaghetti
- » 150 ml Soja- oder Haferdrink
- » 1 kleine Zwiebel
- » 1 Knoblauchzehe
- » Olivenöl
- » ½ Würfel Gemüsebrühe
- » Pfeffer
- » Salz
- » 2 gehäufte EL Hefeflocken
- » 1 Handvoll Basilikumblätter

Wie's geht

1 Den Blumenkohl gut waschen und als Ganzen für etwa 10 Minuten kochen, bis er weich ist. Danach die Röschen vom Blumenkohl abschneiden und erst mal zur Seite stellen.

2 Die Spaghetti nach Packungsanleitung in Salzwasser kochen und anschließend abseihen.

3 Etwas Olivenöl in eine beschichtete Pfanne geben, die Zwiebel und den Knoblauch klein schneiden und anbraten.

4 Nun die Blumenkohlröschen hinzugeben und ebenfalls anbraten.

5 Anschließend in einen Mixer geben sowie Soja- oder Haferdrink, den ½ Würfel Gemüsebrühe, Salz, Pfeffer und Hefeflocken hinzufügen.

6 Alles durchpürieren, bis eine cremige Konsistenz entsteht. Sollte die Masse noch zu fest sein, einfach mehr Pflanzendrink hinzufügen.

7 Die Masse zurück in die Pfanne leeren und die Hitze auf die niedrigste Stufe einstellen. Die Basilikumblätter gut waschen, in kleine Stücke schneiden und auch in die Pfanne geben. Alles gut durchrühren und bei Bedarf nachwürzen.

8 Die gekochten Spaghetti in der Pfanne mit der Blumenkohl-Basilikum-Sauce vermengen.

9 Mit einem Schuss Zitrone und Basilikum garnieren und anrichten.

PASTA MIT SPARGEL-TOMATENSAUCE

1 Portion · 10 Minuten Vorbereitungszeit · 20 Minuten Zubereitungszeit

Was du brauchst

- » 100 g Spaghetti
- » 3 Stück Spargel (grün)
- » 150 g Cherrytomaten
- » 200 g passierte Tomaten
- » Olivenöl zum Anbraten

- » Salz
- » Pfeffer
- » ½ TL Knoblauchpulver
- » getrocknete Gewürze (z.B. Oregano)

- » 1 TL Tomatenmark
- » ½ Würfel Gemüsebrühe
- » frisches Basilikum
- » etwas Saft einer Zitrone

Wie's geht

1 Den Spargel waschen, schälen, die Enden ein wenig abschneiden und in reichlich Salzwasser 5-10 Minuten bissfest kochen. Zwischendurch immer wieder einmal mit der Gabel einstechen, um zu prüfen, ob das Innere schon gar ist.

2 Die Spaghetti nach Packungsanleitung in Salzwasser kochen und danach abseihen.

3 Sobald der Spargel weich ist, aus dem Wasser nehmen, abtropfen und in kleine Stücke schneiden. Die Cherrytomaten gut waschen, ebenfalls in kleine Stücke schneiden und mit dem Spargel in etwas Olivenöl in einer beschichteten Pfanne anbraten.

4 Tomatenmark sowie Gewürze hinzufügen und alles mit einem Kochlöffel vermischen.

5 Abschließend die passierten Tomaten und einen Schuss Zitronensaft hinzugeben.

6 Die fertigen Spaghetti in die Pfanne geben und mit der Spargel-Tomatensauce vermengen.

7 Die Pasta mit frischem Basilikum garnieren und servierfertig anrichten.

PEANUTBUTTER FRIED TOFU

2 Portionen · 10 Minuten Vorbereitungszeit · 15 Minuten Zubereitungszeit

Was du brauchst

- » 160 g Basmatireis
  - » 1 Brokkoli
  - » 1 Blumenkohl
  - » Salz
- » 1 Block Naturtofu
- » 200 g Edamame

MARINADE
- » 50 g Erdnussbutter
- » 40 ml Sojasauce
- » Salz
- » Saft einer ½ Zitrone
- » 1 TL Sesamöl

- » 1 TL Kokosblütensirup (oder anderer Sirup nach Wahl)
- » Chiliflocken oder Chilipaste (optional)

Wie's geht

1 Den Reis nach Packungsanleitung kochen.

2 Brokkoli und Blumenkohl gut waschen und in kleine Röschen schneiden. Die Röschen etwas salzen und in einer beschichteten Pfanne in Wasser dünsten, bis sie gar sind.

3 In der Zwischenzeit die Marinade zubereiten: Dazu alle angegebenen Zutaten in einer Schüssel miteinander vermischen. Den Tofu in kleine Stücke schneiden und in die Marinade legen. Darauf achten, dass alle Tofustücke bedeckt sind.

4 Ein Backblech mit Backpapier auskleiden, den Tofu aus der Marinade nehmen und die Stückchen gleichmäßig auf dem Blech verteilen. Es müsste noch etwas Marinade in der Schüssel sein, die sich später noch zum Servieren verwenden lässt.

5 Den Tofu nun für 30-35 Minuten im vorgeheizten Backofen bei 180 °C Ober- und Unterhitze backen.

6 Anschließend aus dem Ofen nehmen, abkühlen lassen und mit der restlichen Marinade garnieren.

7 Mit Reis, Brokkoli, Blumenkohl und Edamame anrichten.

VOLLKORNPIZZA

2 Portionen · 2-3 Stunden Vorbereitungszeit · 1 Stunde Zubereitungszeit

Was du brauchst

PIZZATEIG
» 400 g Dinkelvollkornmehl
» 1 Packung Trockenhefe
» 1 EL Zucker
» 1 EL Salz
» 1 EL Olivenöl

» 270 ml warmes Wasser
» Mehl für die Arbeitsfläche

BELAG
» Tomatensauce
» geräucherter Tofu

» Mais
» Artischocken
» Olivenöl
» Salat (Sorte nach Belieben)

Wie's geht

1 Mehl mit Trockenhefe, Zucker, Salz und Olivenöl in einer Schüssel vermischen.

2 Nach und nach warmes Wasser hinzufügen und mit den Händen durchkneten, bis ein geschmeidiger Teig entsteht (falls er zu klebrig sein sollte, einfach noch etwas Mehl hinzugeben, falls er jedoch zu trocken ist, einen Schuss lauwarmes Wasser untermischen).

3 Die Schüssel mit einem sauberen Geschirrtuch abdecken und für mindestens 2 Stunden ruhen lassen.

4 Sobald der Teig aufgegangen ist, die Arbeitsfläche mit Mehl bestreuen, die Teigmasse nochmals gut durchkneten und für weitere 10-15 Minuten gehen lassen. In der Zwischenzeit die Toppings für die Pizza bereitstellen.

5 Den Teig in 2 Hälften teilen, jede Hälfte noch mal kurz durchkneten und einen Pizzaboden daraus formen.

6 Die Pizza nun nach Belieben belegen. Für dieses Rezept verwende ich Tomatensauce, geräucherten Tofu, Mais und Artischocken.

7 Die belegte Pizza für 45-55 Minuten bei 180 °C Ober- und Unterhitze im vorgeheizten Backofen backen.

8 Anschließend aus dem Ofen holen, kurz abkühlen lassen und nach Belieben Salat darauf verteilen. Zum Schluss mit etwas Olivenöl toppen und servierfertig anrichten.

EINFACHER ROTER LINSENEINTOPF MIT QUINOA

2 Portionen · 10 Minuten Vorbereitungszeit · 30 Minuten Zubereitungszeit

Was du brauchst

- » 200 g Quinoa
- » 180 g Linsen (rot)
- » ½ Zwiebel
- » 250 g Cherrytomaten

- » 350 g Tomatensauce (für dieses Rezept verwende ich eine Bio-Tomatensauce aus dem Glas)
- » Salz

- » Pfeffer
- » Paprikapulver
- » Oregano
- » Gewürze (nach Belieben)
- » Olivenöl

Wie's geht

1 Die Quinoa nach Packungsanleitung kochen.

2 Die Linsen nach Packungsanleitung kochen.

3 Die Zwiebel in kleine Stücke schneiden und in einer beschichteten Pfanne in Olivenöl goldbraun anbraten.

4 Die Tomaten gut waschen, in kleine Stücke schneiden, ebenso in die Pfanne geben und kurz anbraten lassen.

5 Danach die Linsen und die Tomatensauce untermischen.

6 Nach Belieben würzen: Ich verwende für dieses Rezept getrockneten Oregano, Paprikapulver, Salz, Pfeffer, eine Gartengemüse-Gewürzmischung und etwas Kurkuma.

7 Den Eintopf bei niedriger Hitze für etwa 5 Minuten köcheln lassen.

8 Die Linsen und die Quinoa auf einem Teller anrichten, mit frischem Basilikum garnieren und servierfertig anrichten.

SEMMELKNÖDEL MIT CREMIGEN LINSEN

2 Portionen · 10 Minuten Vorbereitungszeit · 30 Minuten Zubereitungszeit

Was du brauchst

SEMMELKNÖDEL

» 200 g Semmelwürfel
» 200 g Haferdrink
» ½ Zwiebel
» Olivenöl zum Anbraten
» Salz und Pfeffer
» Muskatnuss
» 2 EL Kichererbsenmehl

» Petersilie und Thymian (frisch)

SAUCE

» 200 g Linsen (rot)
» ½ Zwiebel
» ½ Würfel Gemüsebrühe

» Schuss Weißwein (optional)
» 150 ml Haferdrink
» 3 TL Tahini
» Salz
» Pfeffer
» Kurkuma
» Tofu-Gewürz

Wie's geht

1 Die Linsen nach Packungsanleitung kochen.

2 Zubereitung der Semmelknödel: Zuerst die Semmelwürfel in einer Schüssel in Haferdrink tränken und einweichen lassen, bis der Haferdrink komplett aufgesogen ist.

3 Zwiebel sowie Petersilie und Thymian klein hacken.

4 Die Semmelwürfel mit angefeuchteten Händen kneten, die restlichen Zutaten hinzufügen und nochmals gut durchkneten, sodass alles miteinander vermischt ist. Aus dem Teig 6 gleich große Knödel formen.

5 Einen Topf mit Wasser füllen, Salz hinzufügen und aufkochen. Danach die Hitze zurückschalten. Die Knödel nach und nach in das heiße Wasser einlegen und für 15 Minuten köcheln lassen.

6 Währenddessen die Sauce zubereiten: Die Zwiebel klein schneiden und in einer beschichteten Pfanne in Olivenöl anbraten. Anschließend mit einem Schuss Weißwein (optional) ablöschen und die Linsen hinzugeben.

7 Haferdrink, Tahini und beliebig Gewürze hinzufügen und gut durchrühren.

8 Die Sauce für weitere 5 Minuten bei niedriger Hitze köcheln lassen. Falls sie flüssiger sein soll, einfach mehr Haferdrink hinzugeben, für eine cremigere Konsistenz hingegen Hefeflocken und mehr Tahini untermischen.

9 Sobald die Knödel gar sind, aus dem Wasser heben, abtropfen und mit den Linsen am Teller anrichten.

CREMIGE SOBA-NUDELN MIT KICHERERBSEN

2 Portionen · 10 Minuten Vorbereitungszeit · 20 Minuten Zubereitungszeit

Was du brauchst

- » 180 g Soba-Nudeln
- » 200 g Brokkoli
- » 200 g Kichererbsen
- » 200 g Zuckerschoten

- » ½ Zwiebel
- » 150 g Sojasprossen
- » ½ Würfel Gemüsebrühe
- » 5 EL Hefeflocken

- » Pfeffer
- » 100-150 ml Wasser
- » 2 EL Tahini
- » Olivenöl zum Anbraten

Wie's geht

1 Die Soba-Nudeln nach Packungsanleitung in Salzwasser kochen und anschließend abseihen. Die Nudeln dann zur Seite stellen.

2 Die Zwiebel in kleine Stücke schneiden und in einer beschichteten Pfanne in Olivenöl anbraten. Das restliche Gemüse gut waschen, klein schneiden, in die Pfanne hinzugeben und noch einmal kurz anbraten. Den ½ Würfel Gemüse-brühe in 100-150 ml Wasser auflösen und das Gemüse damit ablöschen. Die Pfanne mit einem Deckel abdecken und bei niedriger Hitze köcheln lassen.

3 Tahini und Hefeflocken hinzugeben und mit Pfeffer nachwürzen.

4 Die gekochten Soba-Nudeln mit den Kichererbsen in der Gemüsepfanne vermengen und nach Belieben garnieren.

CREMIGER ERDNUSSBUTTER–SPINATEINTOPF MIT REIS

3 Portionen · 10 Minuten Vorbereitungszeit · 20 Minuten Zubereitungszeit

Was du brauchst

- » 300 g Reis nach Wahl
- » 500 g Blattspinat (frisch oder tiefgekühlt)
- » 1 kleine Zwiebel
- » 1 Würfel Gemüsebrühe
- » 50 ml Haferdrink
- » 3 EL Erdnussbutter

- » 1 Dose Kichererbsen (240 g Abtropfgewicht)
- » geröstete Erdnüsse (als Topping)

GEWÜRZE
- » Kurkuma

- » 2 EL Hefeflocken
- » Paprikapulver
- » Currypulver
- » Pfeffer
- » Knoblauchpulver (optional)

Wie's geht

1 Den Reis nach Packungsanleitung kochen.

2 Die Zwiebel in kleine Stücke schneiden und in etwas Wasser in einer beschichteten Pfanne dünsten.

3 Den Spinat hinzugeben und bei geschlossenem Deckel andünsten, bis er weich ist.

4 Danach den Würfel Gemüsebrühe sowie die Gewürze hinzufügen und alles gut miteinander vermengen.

5 Die Kichererbsen mit einer Gabel zu groben Stücken zerdrücken und unter den Spinat mischen.

6 Zuletzt noch die Erdnussbutter mit einem Schuss Haferdrink hinzugeben, durchmischen und die Pfanne vom Herd nehmen.

7 Den Reis mit dem Spinat auf einem Teller anrichten und mit gerösteten Erdnüssen (für mehr Crunch) servieren.

Info

Dieses Rezept zählt mittlerweile zu meinen liebsten! Es lässt sich schnell zubereiten, schmeckt lecker und enthält viele gesunde Nähr- und Mineralstoffe.

SUSHI MAL ANDERS

2 Portionen · 10 Minuten Vorbereitungszeit · 15 Minuten Zubereitungszeit

Was du brauchst

- » 4 Nori Blätter
- » 120 g Sushi Reis
- » 1 Dose Kidneybohnen
- » 1 Avocado
- » 2 TL Hefeflocken
- » Sojasauce

- » Koriander
- » 2 Karotten
- » Salz
- » Pfeffer
- » Knoblauchpulver
- » Feldsalat

Wie's geht

1 Den Reis nach Packungsanleitung kochen.

2 Die Kidneybohnen mit einem Messer in kleine Stücke hacken. Die Avocado halbieren, entkernen, aushöhlen und das Innere mit einer Gabel zerdrücken. Alles in eine Schüssel geben.

3 Salz, Pfeffer, Hefeflocken und etwas Knoblauchpulver untermischen und gut miteinander vermengen.

4 Die Karotten schälen und klein schneiden. Den Koriander waschen und klein zupfen.

5 Den gekochten Reis auskühlen lassen und das Sushi wie folgt zubereiten: Auf ein Nori Blatt etwas Reis sowie Kidneybohnen-Avocado-Masse, Karottenstücke, Koriander und Salat verteilen. Anschließend fest einrollen.

6 Diesen Vorgang dreimal wiederholen.

7 Ein Messer in kaltes Wasser tauchen und die Rollen gleichmäßig in Maki-Stücke schneiden.

8 Die Makis auf einem Teller anrichten und mit Sojasauce servieren.

SÜßKARTOFFEL GNOCCHI

2 Portionen · 60 Minuten Vorbereitungszeit · 20 Minuten Zubereitungszeit

Was du brauchst

SÜßKARTOFFEL GNOCCHI
» 1 Süßkartoffel
» 6 EL Mehl
» Prise Salz
» 1 Msp Muskatnuss
» 1 EL Hefeflocken
» Mehl für die Arbeitsfläche

SAUCE
» 250 g Cherrytomaten
» 2 Handvoll frischer Blattspinat (tiefgefr. ca. 80 g)
» 2 EL Tomatenmark
» 350 g passierte Tomaten
» Oregano
» Pfeffer und Salz
» ½ TL Paprikapulver
» ½ TL Currypulver
» 1 Msp Kurkuma
» Olivenöl
» Chiliflocken (optional)

TOPPING
» Pinienkerne
» veganer Parmesan (Rezept siehe Seite 188)

Wie's geht

1 Die Süßkartoffel mehrmals mit einer Gabel an den Seiten einstechen. Den Backofen auf 200 °C Ober- und Unterhitze vorheizen. Die Kartoffel auf ein mit Backpapier ausgekleidetes Backblech legen und für 40-50 Minuten backen. Zwischendurch mit der Gabel einstechen und prüfen, ob sie schon gar ist.

2 Sobald sie weich ist, das Blech aus dem Ofen nehmen und abkühlen lassen. Die Süßkartoffel schälen und mit einer Gabel in einer Schüssel zerdrücken.

3 Mehl, Salz, Hefeflocken sowie die Muskatnuss unter die Süßkartoffel mischen. Die Arbeitsfläche mit Mehl bestreuen und die Masse mit den Händen kneten, bis eine teigartige Konsistenz entsteht. ACHTUNG: BEI ZU LANGEM KNETEN WIRD DER TEIG GUMMIARTIG. Ist der Teig zu klebrig, etwas Mehl zugeben.

4 Zwei Teigschlangen formen, gleich große Stücke abschneiden und mit der Gabel in die bekannte Gnocchi-Form pressen.

5 Die Gnocchi in kochendes Salzwasser einlegen. Wenn sie oben schwimmen, sind sie fertig. Danach noch 1 Minute im heißen Wasser ziehen lassen.

6 Die Gnocchi zur Seite stellen. Für die Sauce die Cherrytomaten waschen, halbieren und in einer beschichteten Pfanne in etwas Olivenöl anbraten. Die restlichen Zutaten für die Sauce hinzufügen und für 5-10 Minuten bei niedriger Hitze köcheln lassen.

7 Die Süßkartoffel Gnocchi mit der Sauce, (gerösteten) Pinienkernen und veganem Parmesan anrichten.

SÜßKARTOFFEL CURRY OHNE CURRYPASTE

2 Portionen · 10 Minuten Vorbereitungszeit · 25 Minuten Zubereitungszeit

Was du brauchst

- » 2 große Süßkartoffeln
- » 1 Dose Kichererbsen (240 g Abtropfgewicht)
- » 1 kleine Zwiebel
- » 250 ml Kokosmilch
- » 150 ml Wasser
- » 3 EL Currypulver
- » 1 Msp Kurkuma
- » Prise Knoblauchsalz
- » 1 EL Tomatenmark
- » 3 EL Hefeflocken
- » Blattspinat (frisch oder tiefgefroren)
- » ½ Würfel Gemüsebrühe
- » Pfeffer

Wie's geht

1 Zuerst einen Topf mit etwas Wasser füllen und das Tomatenmark sowie alle angegebenen Gewürze hinzufügen. Gut vermischen, wodurch eine dickflüssige Paste entsteht und nach Belieben nachwürzen.

2 Nun kommen Kokosmilch und 150 ml Wasser hinzu.

3 Die Süßkartoffeln schälen, in kleine Stücke schneiden und ebenfalls in den Topf geben. Das Curry für ca. 15 Minuten köcheln lassen, bis die Süßkartoffeln weich sind. Zwischendurch immer wieder umrühren, damit nichts anbrennt.

4 Abschließend noch die Dose Kichererbsen und den Spinat unter das Curry mischen und für 5 Minuten bei niedriger Hitze weiterköcheln lassen.

5 Das Süßkartoffelcurry nach Belieben garnieren und servierfertig anrichten.

TOMATEN-GEMÜSEPFANNE MIT COUSCOUS

2 Portionen · 10 Minuten Vorbereitungszeit · 20 Minuten Zubereitungszeit

Was du brauchst

- » 200 g Couscous
- » 2 mittelgroße Zucchini
- » 4 Tomaten
- » 300 g passierte Tomaten
- » ½ Zwiebel
- » Olivenöl zum Anbraten

FRISCHE KRÄUTER

- » 1 Handvoll Petersilie
- » 1 Handvoll Basilikum

GEWÜRZE (NACH BELIEBEN)

- » Currypulver
- » Kurkuma

- » Salz
- » Pfeffer
- » Gewürzmischung (nach Belieben)

TOFU-SESAM PATTIES

- » Rezept siehe Seite 172

Wie's geht

1 Den Couscous nach Packungsanleitung zubereiten.

2 Die Zwiebel in kleine Stücke schneiden und in einer beschichteten Pfanne in Olivenöl goldbraun anbraten.

3 Im nächsten Schritt das restliche Gemüse gut waschen, klein schneiden, ebenfalls in die Pfanne geben und anbraten.

4 Die passierten Tomaten hinzufügen und bei mittlerer Hitze köcheln lassen.

5 Frische Kräuter und Gewürze nach Belieben daruntermischen und mit dem Couscous auf einem Teller anrichten.

VEGANER BURGER

2 Portionen · 10 Minuten Vorbereitungszeit · 25 Minuten Zubereitungszeit

Was du brauchst

- » 2 Chiabrötchen
- » Salat nach Wahl
- » Senfsprossen (Menge nach Belieben)
- » 1 Avocado
- » Rote Beete (Menge nach Belieben)
- » etwas Saft einer Zitrone

PATTIES
- » ½ Dose Kidneybohnen (120 g Abtropfgewicht)
- » 1 Karotte
- » 4 EL Haferflocken
- » 1 EL Chiasamen
- » Salz
- » Pfeffer

- » Paprika-Gewürz
- » 1 EL Hefeflocken
- » 1 EL Sojasauce
- » Olivenöl zum Anbraten

GEMÜSECHIPS
- » Rezept siehe Seite 166

Wie's geht

1 Für die Patties alle angegebenen Zutaten in eine Küchenmaschine geben und zerkleinern, bis eine zähe Masse entsteht (falls sie noch zu feucht sein sollte, ein paar Haferflocken hinzugeben, falls sie jedoch zu trocken sein sollte, einen Schuss Wasser untermischen). Nun 2 Patties daraus formen und in einer beschichteten Pfanne in Olivenöl von beiden Seiten her goldbraun anbraten.

2 Für die Guacamole die Avocado halbieren, entkernen, aushöhlen und das Innere mit einer Gabel zerdrücken. Mit Salz, Pfeffer, Chili und Zitronensaft nach Belieben würzen.

3 Das Chiabrötchen mit Salat, einem Patty, Guacamole, Rote Beete sowie Senfsprossen belegen und mit Gemüsechips anrichten.

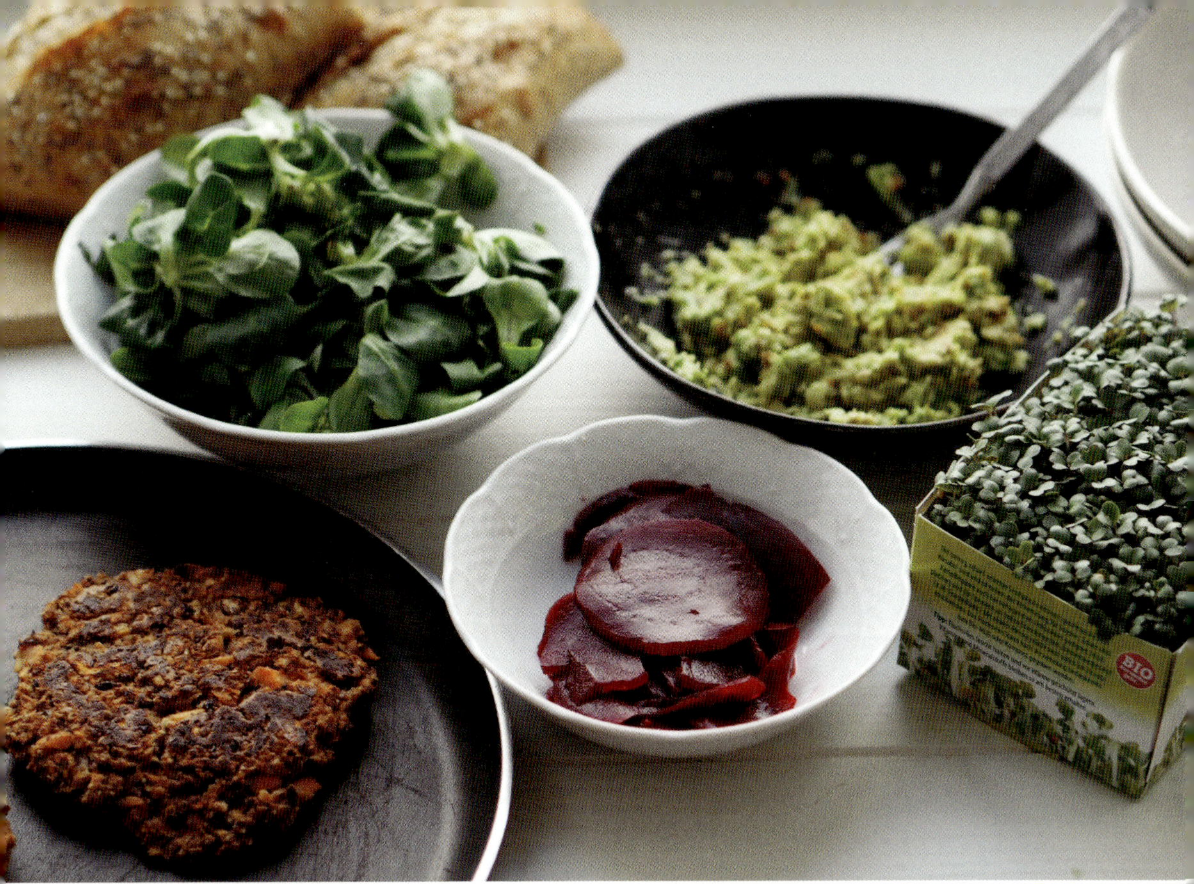
BIO
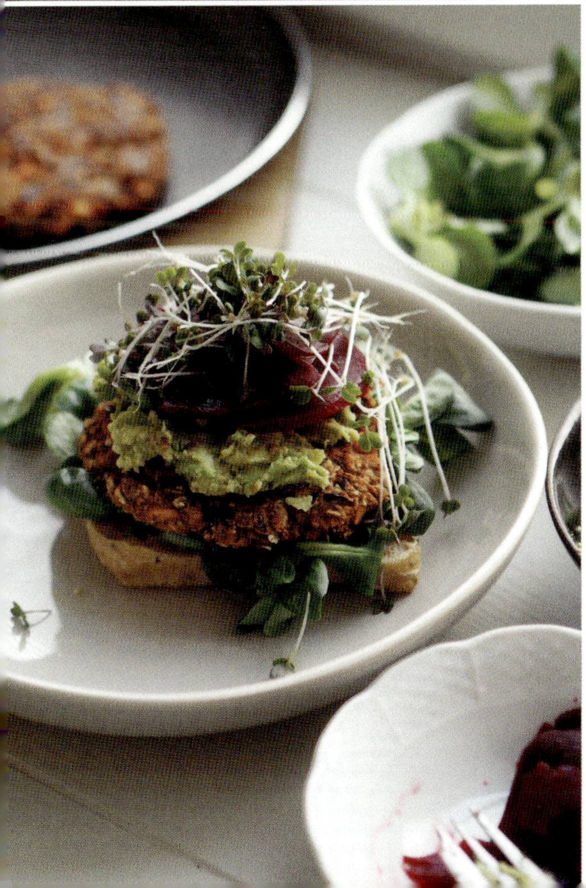
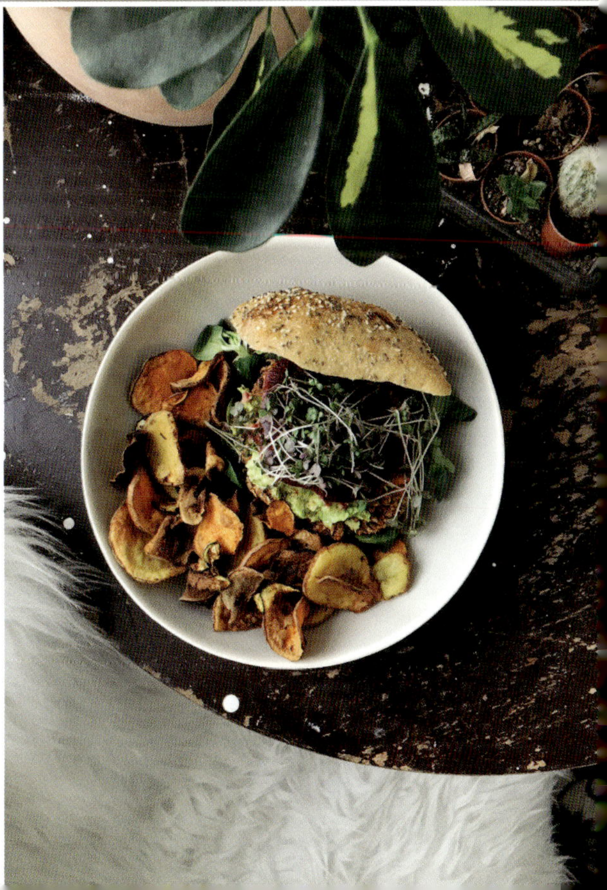

PASTA MIT CREMIGEM AVOCADO PESTO

2 Portionen · 15 Minuten Vorbereitungszeit · 15 Minuten Zubereitungszeit

Was du brauchst

- » 200 g Pasta nach Wahl
- » 2 Avocados
- » 6 EL Sojajoghurt
- » 1 EL Tahini
- » 2 EL Hefeflocken (optional)
- » Petersilie
- » ½ Dose Kichererbsen (120 g Abtropfgewicht)
- » Salz
- » Pfeffer
- » Zitronensaft (optional)

Wie's geht

1 Die Pasta nach Packungsanleitung in Salzwasser kochen und anschließend abseihen.

2 Die restlichen Zutaten (bis auf die Kichererbsen) in einen Mixer geben und durchmixen, bis eine cremige Masse entsteht und nach Belieben nachwürzen.

3 Die Pasta mit der Avocado-Paste und den Kichererbsen in einen Topf geben und gut vermengen.

4 Abschließend noch mit frischer Petersilie und Hefeflocken (als Parmesan-Ersatz) garnieren.

Info

Die Zusammensetzung aus gesunden Fetten, Eiweiß und Ballaststoffen macht aus diesem Gericht eine wahre Vitaminbombe. Avocados enthalten Mineralstoffe, B-Vitamine, Vitamin K, Kalium, Kupfer, Vitamin E und Vitamin C, zudem halten sie lange satt. Die Kichererbsen liefern gesundes Eiweiß, Eisen und Magnesium und sind somit richtige Fitmacher, die ebenso satt machen.

VEGANE BBQ-
BLUMENKOHL WINGS

2 Portionen · 15 Minuten Vorbereitungszeit · 55 Minuten Zubereitungszeit

Was du brauchst

- » 200 g Reis
- » 1 Blumenkohl
- » Haferdrink
- » Wasser
- » Knoblauchpulver
- » 100 g Weizenmehl
- » Paprikapulver

- » Salz und Pfeffer

SAUCE
- » 200 g Ketchup
- » 1 EL Wasser
- » 1 EL Apfelessig
- » 1 EL Sojasauce

- » geräuchertes Paprikapulver (normales eignet sich genauso gut)
- » Knoblauchpulver
- » Räuchersalz
- » 1 EL Sriracha
- » 1 EL Agavendicksaft

Wie's geht

1 Den Backofen auf 200 °C Ober- und Unterhitze vorheizen.

2 Den Reis nach Packungsanleitung kochen.

3 Vom Blumenkohl kleine Röschen abschneiden und diese gut waschen.

4 In einer Schüssel Mehl, Haferdrink, Knoblauchpulver, Paprikapulver, Salz, Pfeffer und etwas Wasser zu einer dickeren Flüssigkeit vermischen.

5 Die Röschen darin eintunken und gleichmäßig auf einem Backblech mit Backpapier verteilen.

6 Anschließend für 20-30 Minuten im Backofen backen und nach der Hälfte der Zeit wenden.

7 In der Zwischenzeit die Sauce zubereiten: Dafür alle angegebenen Zutaten in einen Topf geben, vermischen und aufkochen lassen. Dann die Hitze zurückdrehen. Zwischendurch immer wieder umrühren, damit nichts anbrennt.

8 Die Röschen aus dem Ofen nehmen, kurz abkühlen lassen und in die BBQ-Sauce eintunken. Anschließend wieder aufs Blech legen und für weitere 10 Minuten backen.

9 Die fertigen BBQ-Wings mit Reis und der restlichen BBQ-Sauce als Dip servierfertig anrichten.

GEBACKENER BLUMENKOHL

2 Portionen · 5 Minuten Vorbereitungszeit · 35 Minuten Zubereitungszeit

Was du brauchst

- » 1 ganzer Blumenkohl
  - » 3 EL Olivenöl
- » Salz
- » Zimt

Wie's geht

1 Den Blumenkohl waschen und die grünen Blätter entfernen.

2 Als Ganzes für etwa 10 Minuten in einen Topf mit kochendem Salzwasser geben.

3 In der Zwischenzeit das Olivenöl mit Salz und Zimt zu einer Marinade vermischen.

4 Nach 10 Minuten den Blumenkohl aus dem Wasser holen und abtropfen lassen.

Ein Backblech mit Backpapier auskleiden und den Blumenkohl mittig darauf platzieren.

5 Den Blumenkohl mit der Marinade bestreichen und für 20-25 Minuten bei 200 °C Umluft und Grillfunktion im vorgeheizten Backofen backen.

KARTOFFELPÜREE MIT GEBACKENEN KICHERERBSEN UND CHAMPIGNONS

2 Portionen · 10 Minuten Vorbereitungszeit · 20 Minuten Zubereitungszeit

Was du brauchst

» 1 Dose Kichererbsen (240 g Abtropfgewicht)
» Petersilie (als Topping)

KARTOFFELPÜREE
» 500 g Kartoffeln

» Haferdrink
» vegane Butter-Alternative
» Salz
» 1 Msp Muskatnuss

CHAMPIGNONS
» 250 g Champignons
» Sojasauce
» Wasser

Wie's geht

1 Die Kichererbsen in einem Sieb mit kaltem Wasser abspülen und gut abtropfen. Auf einem Backblech mit Backpapier verteilen, wobei sich die einzelnen Kichererbsen nicht berühren sollten. Anschließend bei 200 °C Ober- und Unterhitze für 15 Minuten in den vorgeheizten Backofen schieben.

2 Die Kartoffeln schälen, in kleine Stücke schneiden und in einen Topf geben.

3 So viel Wasser hineinfüllen, dass die Kartoffeln komplett bedeckt sind. Salz hinzufügen und zum Kochen bringen. Den Topf abdecken und die Kartoffeln köcheln lassen, bis sie weich sind (dazwischen immer wieder zur Überprüfung mit der Gabel hineinstechen).

4 Die Champignons waschen, in dünne Scheiben schneiden und in einer beschichteten Pfanne in etwas Wasser und Sojasauce dünsten lassen, bis sie gar sind.

5 Sobald die Kartoffeln durch sind, das Wasser abseihen und die Kartoffeln zurück in den Topf geben. Anschließend mit einem Kartoffelstampfer zerdrücken. Ein Stück Butter-Alternative und nach und nach soviel Haferdrink hinzufügen, bis ein cremiges Püree entsteht. Noch mit Salz und Muskatnuss abschmecken, bevor das Püree mit Kichererbsen und Champignons angerichtet wird.

CHICKPEA SCRAMBLE (VEGANES KICHERERBSEN RÜHREI)

2 Portionen · 15 Minuten Vorbereitungszeit · 20 Minuten Zubereitungszeit

Was du brauchst

» 1 Dose Kichererbsen (240 g Abtropfgewicht)
» 150 g Champignons
» 2 EL Sojasauce
» Kurkuma
» Paprikapulver
» Tofu-Gewürz
» Pfeffer
» 200 g Cherrytomaten

KARTOFFELPÜREE
» Rezept siehe Seite 98

Wie's geht

1 Die Tomaten waschen und halbieren. Die Champignons putzen und in Scheiben schneiden. Danach die beiden Zutaten mit einem Schuss Wasser in eine beschichtete Pfanne geben und kurz andünsten.

2 Nun kommt die Sojasauce hinzu.

3 In der Zwischenzeit die Kichererbsen mit einer Gabel zu groben Stücken zerdrücken und ebenso hinzufügen. Danach alles nach Belieben mit Kurkuma, Paprikapulver, Tofu-Gewürz sowie Pfeffer würzen und kurz anbraten.

4 Die Scrambled Chickpeas mit Kartoffelpüree und frischer Petersilie servierfertig anrichten.

Info

Mein Freund ernährt sich eigentlich nicht vegan, weshalb er bei diesem Gericht anfangs skeptisch war. Mittlerweile ist es aber zu seiner absoluten Leibspeise geworden, die er am liebsten jeden Tag essen würde.

GELBES THAI-CURRY MIT LINSEN

3 Portionen · 10 Minuten Vorbereitungszeit · 30 Minuten Zubereitungszeit

Was du brauchst

- » 200 g Reis
- » 200 g Linsen (gelb)
- » 2 Zucchini
- » 1 Brokkoli
- » 70 g Currypaste (gelb)
- » ½ Dose Kokosmilch (200 ml)
- » 200 ml Wasser
- » ½ Zwiebel
- » 1 Msp Kurkuma
- » Olivenöl zum Anbraten

Wie's geht

1 Den Reis nach Packungsanleitung kochen.

2 Die Linsen nach Packungsanleitung kochen.

3 Zwiebel klein schneiden und in einer beschichteten Pfanne in Olivenöl anbraten.

4 Currypaste und Kurkuma hinzufügen und gut durchrühren.

5 Nun die Kokosmilch und das Wasser unterrühren.

6 Das Gemüse gut waschen, klein schneiden und ebenso in die Pfanne geben. Die Pfanne mit einem Deckel abdecken und köcheln lassen, bis das Gemüse gar ist.

7 Anschließend die Linsen unter das Curry mischen und die Pfanne bei niedriger Hitze kurz weiterköcheln lassen.

8 Das fertige Thai-Curry mit Reis servierfertig anrichten.

VEGANE LINSEN
»SAUSAGES«

2 Portionen · 10 Minuten Vorbereitungszeit · 30 Minuten Zubereitungszeit

Was du brauchst

- » 350 g Linsen (aus der Dose)
- » 1 Blätterteig (vegan)
- » Essiggurken (Menge nach Belieben)
- » Cherrytomaten (Menge nach Belieben)

- » Salz
- » Pfeffer
- » Paprikapulver
- » ½ TL Kurkuma
- » getrocknete Gewürze
- » 4 EL Tomatensauce
- » Sesam

KRÄUTERSAUCE
- » 200 g Sojajoghurt
- » frische Petersilie
- » Salz
- » Pfeffer
- » etwas Saft einer Zitrone
- » 1 EL Senf

Wie's geht

1 Die Linsen in eine Schüssel geben und mit den Händen zerdrücken.

2 Die Tomaten gut waschen und in kleine Stücke schneiden, die Essiggurken ebenfalls klein schneiden und mit der Tomatensauce zu den Linsen hinzufügen.

3 Im nächsten Schritt beliebig würzen und die Linsen-Masse gut durchmischen.

4 Den Blätterteig auflegen und die Linsen in der Mitte des Teiges verteilen.

5 Den Teig zusammenrollen und in 4 gleich große Stücke schneiden.

6 Ein Backblech mit Backpapier auskleiden und die 4 Teig-Stücke gleichmäßig darauf verteilen. Zum Schluss etwas Sesam darüber streuen und im vorgeheizten Backofen bei 200 °C Ober- und Unterhitze für 20-30 Minuten backen.

7 In der Zwischenzeit die Sauce zubereiten. Dazu das Sojajoghurt mit etwas Zitronensaft und 1 EL Senf vermischen und mit Salz, Pfeffer sowie frischer Petersilie würzen.

8 Sobald die »Sausages« fertig sind, das Blech aus dem Ofen nehmen, abkühlen lassen und mit Kräutersauce anrichten.

VEGANES BBQ SANDWICH

4 Portionen · 10 Minuten Vorbereitungszeit · 20 Minuten Zubereitungszeit

Was du brauchst

- » 100 g Linsen (rot - ungekocht)
- » 2 kleine Karotten
- » ½ Zwiebel
- » Olivenöl zum Anbraten
- » Paprikapulver
- » Pfeffer
- » ½ TL Kurkuma
- » Currygewürzmischung
- » 100 g vegane BBQ-Sauce
- » 4 Brötchen (Sorte nach Belieben)
- » frischer Salat (Menge nach Belieben)
- » 1 große Avocado
- » Kokosjoghurt
- » Etwas Saft einer Zitrone

Wie's geht

1 Die Linsen nach Packungsanleitung kochen.

2 Sobald die Linsen weich sind, den Topf zur Seite stellen.

3 Die Zwiebel in feine Streifen schneiden und in einer beschichteten Pfanne in Olivenöl anbraten.

4 Sobald diese goldbraun sind, die fertigen Linsen in die Pfanne untermischen und mit anbraten.

5 Pfeffer, Kurkuma, Currygewürzmischung und Paprikapulver hinzufügen und gut durchmischen.

6 Die Karotten schälen, mit einer Reibe zu Streifen raspeln und ebenfalls in die Pfanne geben.

7 Im nächsten Schritt die BBQ-Sauce hinzugeben, erneut alles gut durchmischen und bei niedriger Stufe weiterköcheln lassen.

8 Nach ein paar Minuten die Hälfte der Masse aus der Pfanne nehmen und mit einem Kartoffelstampfer (funktioniert auch mit einer Gabel) zu einem Brei stampfen. Danach den Brei wieder zurück zur restlichen Masse in die Pfanne geben und miteinander verrühren.

9 Die Brötchen in der Mitte durchschneiden und mit frischem Salat belegen. Aus der Linsen-BBQ-Masse mit einem Löffel kleine Patties formen, auf den Salat legen und mit Kokosjoghurt, Avocado, Pfeffer und einem Schuss Zitronensaft toppen.

DIPS
&
AUFSTRICHE

ERBSENHUMMUS

3 Portionen · 5 Minuten Vorbereitungszeit · 5 Minuten Zubereitungszeit

Was du brauchst

- » ½ Dose Kichererbsen (120 g Abtropfgewicht)
- » 120 g gefrorene Erbsen
- » 1 TL Tahini
- » Salz
- » Pfeffer
- » 1 Knoblauchzehe
- » frische Petersilie
- » Saft einer Zitrone
- » Schuss Wasser

Wie's geht

1 Die gefrorenen Erbsen in einen Topf geben und so viel Wasser hineinfüllen, dass sie komplett bedeckt sind. Das Wasser zum Kochen bringen. Den Topf abdecken und die Erbsen köcheln lassen, bis sie aufgetaut sind.

2 Danach mit den Kichererbsen, Tahini, einer Knoblauchzehe, Salz, Pfeffer, etwas frischer Petersilie, Zitronensaft und einem Schuss Wasser im Mixer durchmixen, bis eine cremige Hummuspaste entsteht. Diese ist ca. 5 Tage im Kühlschrank haltbar.

Info

Erbsen beantworten die immer wieder aufkommende Frage: »Wo bekommen VeganerInnen ihre Proteine her?« Dieser Aufstrich ist einerseits eine Proteinbombe, da Kichererbsen und Erbsen an sich schon viele pflanzliche Proteine liefern, andererseits ist er durch die Erbsen ein toller Lieferant von Mineralstoffen, Magnesium sowie Eisen und Zink, die gut für Haare und Haut sind.

CURRY-LINSENAUFSTRICH

8 Portionen · 5 Minuten Vorbereitungszeit · 5 Minuten Zubereitungszeit

Was du brauchst

- » 1 Dose Linsen (265 g Abtropfgewicht)
- » 1 TL Currypaste
- » 1 EL Hefeflocken
- » Saft einer Zitrone
- » 1 TL Tahini
- » etwas Wasser
- » ein paar Eiswürfel (optional, machen den Aufstrich cremiger)
- » Salz
- » Pfeffer

Wie's geht

1 Alle Zutaten in einen Mixer geben und gut mixen, bis ein cremiger Aufstrich entsteht. Falls die Masse zu fest sein sollte, einfach einen Schuss Wasser hinzufügen und erneut durchmixen. Nach Belieben mit Salz und Pfeffer würzen.

2 Den Aufstrich in ein luftdicht verschlossenes Gefäß umfüllen und kühl lagern. Dieser ist ca. 5 Tage im Kühlschrank haltbar.

Tipp

Der Aufstrich eignet sich fürs Frühstück, aber genauso gut auch zur kalten Platte bei der Jause oder beim Abendessen. Um das Gericht optisch ein bisschen aufzuwerten, einfach mit ein paar frischen Kräutern aufpeppen – das Auge isst ja bekanntlich mit!

DATTELPASTE

1 kleines Einmachglas · 5 Minuten Vorbereitungszeit · 10 Minuten Zubereitungszeit

Was du brauchst

- » 200 g Datteln (entsteint)
- » 80 g Mandeln
- » 1 TL Zimt
- » 3 EL Kokosflocken
- » Schuss heißes Wasser

Wie's geht

1 Alle Zutaten in einen Mixer geben, einen Schuss heißes Wasser hinzufügen und durchmixen, bis eine cremige Paste entsteht. VORSICHT: NICHT ZU VIEL WASSER NEHMEN.

2 Je nachdem wie cremig die Paste werden soll, nach und nach heißes Wasser hinzugeben.

3 Die Dattelpaste in einen luftdichten Behälter umfüllen und kühl lagern. Im Kühlschrank ist sie für ca. 1 Monat haltbar.

Info

Dattelpaste ist aus meiner Küche mittlerweile nicht mehr wegzudenken und zu einem meiner liebsten Süßungsmittel geworden. Egal ob im Kuchen, im Porridge oder als Brotaufstrich – sie besticht durch ihren zimtigen Geschmack und wertet damit jede Speise auf.

VEGANER CASHEW CREAM CHEESE

6 Portionen · 8 Stunden Vorbereitungszeit · 5 Minuten Zubereitungszeit

Was du brauchst

- » 140 g Cashewkerne
- » Salz
- » Pfeffer
- » 2 EL Hefeflocken
- » Petersilie
- » Saft einer ½ Zitrone
- » 2 EL Kokosjoghurt (man kann aber auch Sojajoghurt verwenden)
- » warmes Wasser

Wie's geht

1 Zunächst die Cashewkerne für mehrere Stunden in warmem Wasser einweichen (noch besser: über Nacht).

2 Im nächsten Schritt alle restlichen Zutaten im Mixer mixen, bis eine cremige Konsistenz entsteht, die nicht zu flüssig ist.

3 Den Cashew Cream Cheese in einen luftdicht verschlossenen Behälter umfüllen und kühl lagern. Im Kühlschrank bis zu 1 Woche haltbar.

VEGANER TOFU CREAM CHEESE

10 Portionen · 5 Minuten Vorbereitungszeit · 5 Minuten Zubereitungszeit

Was du brauchst

- » 350 g Naturtofu
- » Knoblauchpulver
- » Salz
- » Pfeffer

- » Saft einer ½ Zitrone
- » 2 EL Kokosjoghurt (alternativ auch Sojajoghurt)
- » frischer Thymian

Wie's geht

1 Alle Zutaten (bis auf den Thymian) in einen Mixer geben und durchmixen, bis eine cremige Masse entsteht, die nicht zu flüssig ist.

2 Den frischen Thymian klein hacken und unter den Cream Cheese mischen, danach erneut durchmixen.

3 Den Tofu Cream Cheese in einen luftdicht verschlossenen Behälter umfüllen und kühl lagern. Im Kühlschrank ist er bis zu 1 Woche haltbar.

Tipp

Diese Variante des Cream Cheese eignet sich hervorragend zu selbstgemachten Burgern oder als Dip für eine leckere Snackplatte.

BASIC HUMMUS

6 Portionen · 5 Minuten Vorbereitungszeit · 5 Minuten Zubereitungszeit

Was du brauchst

» 1 Dose Kichererbsen (240 g Abtropfgewicht)
» 1 Knoblauchzehe
» 1 EL Tahini
» ein paar Eiswürfel

» Prise Salz
» 1 EL Hefeflocken (optional)
» Saft einer Zitrone
» 1 Espressotasse Wasser

Wie's geht

1 Alle Zutaten in einen Mixer geben und pürieren, bis eine cremige Konsistenz entsteht. Sollte der Hummus zu fest sein, einfach mehr Wasser hinzufügen. Im Kühlschrank ist er bis zu 1 Woche haltbar.

Info

Seitdem ich mich für die pflanzliche Ernährungsweise entschieden habe, zählt Hummus zu meinen Grundnahrungsmitteln. Er passt so ziemlich zu allem – aufs Brot, in die Reispfanne, in Wraps, als Salatdressing etc. Dabei kann man seiner Kreativität freien Lauf lassen und den Geschmack je nach Lust und Laune mit ein paar Gewürzen oder frischen Kräutern variieren.

MANDELMUS

250 g Glas · 10 Minuten Vorbereitungszeit · 10 Minuten Zubereitungszeit

Was du brauchst

» 250 g Mandeln (ungeschält)

Wie's geht

1 Ein Backblech mit Backpapier auskleiden und die Mandeln darauf verteilen. Dann das Blech für 10 Minuten bei 200 °C Ober- und Unterhitze in den vorgeheizten Backofen schieben. Dazwischen immer mal wieder durchmischen, damit die Mandeln nicht anbrennen.

2 Sobald sie leicht angeröstet sind, das Blech aus dem Ofen holen und auskühlen lassen.

3 Im nächsten Schritt die Mandeln in einen Mixer geben (dafür am besten einen Hochleistungsmixer nehmen) und durchmixen, bis eine cremige Konsistenz entsteht. Bis daraus Mandelmus wird, kann es jedoch etwas dauern – bloß nicht aufgeben, auch wenn die Masse anfangs noch sehr bröselig zu sein scheint.

4 Das Mandelmus in einen luftdicht verschlossenen Behälter umfüllen und kühl lagern. Im Kühlschrank bis zu 2 Monate haltbar.

Tipp

Ihr könnt eurer Kreativität freien Lauf lassen und das Mandelmus nach Lust und Laune zubereiten. Zwei meiner weiteren liebsten Variationen sind eine Mischung aus Mandeln und Cashewkernen sowie Mandeln mit Kokosflocken und einer Prise Zimt (der perfekte Geschmack für den Winter).

SCHARFE MANGO-AVOCADO-SALSA

4 Portionen · 10 Minuten Vorbereitungszeit · 5 Minuten Zubereitungszeit

Was du brauchst

- » 1 Mango (essreif)
- » 1 Avocado (essreif)
- » 3 EL Apfelessig
- » 1-2 TL Sriracha
- » Cayennepfeffer
- » Schuss Saft einer Zitrone
- » frisches Basilikum

Wie's geht

1 Die Avocado halbieren, entkernen, aushöhlen und das Innere in kleine Stücke schneiden. Die Mango waschen und ebenfalls in kleine Stücke schneiden. Beides in eine Schüssel geben.

2 In einer weiteren Schüssel den Apfelessig und einen Schuss Zitronensaft mit Sriracha und Cayennepfeffer vermischen, gut verrühren und über die Mango-Avocado-Mischung träufeln.

3 Zu guter Letzt das frische Basilikum klein hacken und unter die Mango-Avocado-Salsa mischen.

4 Die Salsa in einen luftdicht verschlossenen Behälter umfüllen und kühl lagern.

Tipp

Die scharfe Salsa eignet sich perfekt als Beilage zum Grillen, in Wraps oder als Snack für zwischendurch auf Crackern oder Brot. Am liebsten esse ich Salsa zu Pokébowls, da sie dem Ganzen einen extra Kick verleiht und durch das Basilikum besonders frisch schmeckt.

SÜßES
&
SNACKS

VEGANE ZIMTSCHNECKEN OHNE HEFE

15 Stück · 10 Minuten Vorbereitungszeit · 30 Minuten Zubereitungszeit

Was du brauchst

- » 300 g Mehl (für dieses Rezept verwende ich Bio-Dinkelvollkornmehl)
  - » Mehl für die Arbeitsfläche
- » 1 Packung Backpulver
  - » 2 EL Apfelmus

- » 100 ml Pflanzendrink
- » 50 g Kokosblütenzucker
  - » Salz

FÜLLUNG
- » 1 EL Kokosöl
- » 30 g Kokosblütenzucker

- » 1 Msp Vanillezucker
  - » 1 Msp Zimt

TOPPING
- » Puderzucker
- » Saft einer Zitrone

Wie's geht

1 Zuerst das Mehl mit dem Backpulver, der halben Menge Kokosblütenzucker und einer Prise Salz in einer Schüssel vermischen. Danach Apfelmus sowie Pflanzendrink hinzugeben und mit den Händen zu einem Teig kneten.

2 Die Arbeitsfläche mit Mehl bestreuen und den Teig darauf dünn ausrollen.

3 In der Zwischenzeit den restlichen Kokosblütenzucker mit etwas Vanillezucker und Zimt vermischen.

4 Die gesamte Teigfläche mit Kokosöl bestreichen und die Zucker-Zimtmischung gleichmäßig darauf verteilen.

5 Den Teig vorsichtig einrollen und in 15 gleich große Stücke schneiden.

6 Die Zimtschnecken auf ein Backblech mit Backpapier legen und bei 190 °C Ober- und Unterhitze für ca. 15 Minuten in den vorgeheizten Backofen geben.

7 Währenddessen die Zitrone auspressen und den Puderzucker mit dem Saft vermischen. ACHTUNG: LIEBER ETWAS WENIGER VOM ZITRONENSAFT NEHMEN, SONST WIRD DIE GLASUR ZU FLÜSSIG.

8 Die fertigen Zimtschnecken aus dem Ofen nehmen, kurz abkühlen lassen und mit der Puderzuckermischung darauf servierfertig anrichten.

VEGANER ZITRONEN-ZUCCHINIKUCHEN

12 Stück · 15 Minuten Vorbereitungszeit · 55 Minuten Zubereitungszeit

Was du brauchst

- » 280 g Mehl (hierfür mische ich Hafermehl mit Dinkelvollkornmehl)
- » 100-120 ml Haferdrink
- » 1 Packung Backpulver
- » 80 g Kokosblütenzucker
- » 4 EL Bio-Apfelmus

- » 1 kleine Zucchini (ca. 140 g)
- » 1 EL Bio-Apfelessig
- » Saft einer unbehandelten Zitrone samt Abrieb
- » 2 Handvoll Nüsse nach Wahl (für dieses Rezept verwende ich Mandeln)

- » 1 Msp Zimt
- » Salz

TOPPING
- » Cashewkerne
- » 4 EL Puderzucker
- » etwas Saft einer Zitrone
- » Zitronenschalenabrieb

Wie's geht

1 Das Mehl mit Zimt, Zucker, Backpulver, einer Prise Salz und den Nüssen in einer Schüssel vermischen.

2 Die Zucchini gut waschen und mit einer groben Reibe zerkleinern.

3 Die Zitrone gut waschen, einen Teil der Schale mit einer Feinreibe abraspeln und den Saft im Anschluss auspressen.

4 Die geriebene Zucchini zum Mehl hinzugeben (das Wasser von der Zucchini muss nicht völlig ausgepresst werden, sie darf ruhig noch etwas saftig sein).

5 Jetzt Apfelmus, Pflanzendrink, Zitronensaft (inklusive etwas Zitronenschalenabrieb) sowie Apfelessig hinzufügen.

6 Gut durchmischen und den Teig in eine Brotbackform gießen, die mit Backpapier ausgekleidet ist (optional kann man die Form auch einfetten).

7 Die Kuchenform bei 180 °C Ober- und Unterhitze für 55 Minuten in den vorgeheizten Backofen stellen.

8 In der Zwischenzeit Puderzucker mit Zitronensaft vermischen. ACHTUNG: DURCH ZU VIEL ZITRONENSAFT WIRD DIE KONSISTENZ ZU DÜNNFLÜSSIG.

9 Die Cashewkerne mit einem Messer grob klein hacken.

10 Sobald der Kuchen fertig ist, die Backform aus dem Ofen nehmen und abkühlen lassen. Zum Abschluss mit der Puderzuckerglasur, den Cashewkernen und dem restlichen Zitronenabrieb garnieren.

VEGANES EIS
3 X ANDERS

2 Portionen · 10 Minuten Vorbereitungszeit · 15 Minuten Zubereitungszeit

Was du brauchst

- » 3 große Bananen
- » 2 Handvoll Blaubeeren (gefroren)
- » 1 EL Erdnussbutter
- » Nüsse nach Wahl
- » 1 Tafel vegane Schokolade (Sorte nach Belieben)
- » Sojajoghurt
- » Süßungsmittel (z.B. Kokosblütensirup)
- » ½ TL Zimt

Wie's geht

1 Die 3 Bananen klein schneiden und für mindestens 2 Stunden in den Gefrierschrank legen.

2 Banane-Schoko

  a Eine gefrorene Banane mit 1-2 EL Sojajoghurt und etwas Zimt in einen Mixer geben und durchmixen, bis eine cremige (»eisartige«) Konsistenz entsteht.

  b Danach Schokoladenstückchen nach Wahl hinzufügen und noch einmal kurz durchmixen.

  c In einen Behälter umfüllen und in den Kühlschrank stellen.

3 Banane-Erdnussbutter

  a Eine gefrorene Banane mit 1-2 EL Sojajoghurt und 1 EL Erdnussbutter in einen Mixer geben und durchmixen, bis eine cremige (»eisartige«) Konsistenz entsteht.

  b Danach Nüsse nach Wahl hinzufügen und noch einmal kurz mixen.

  c In einen Behälter umfüllen und in der Zwischenzeit in den Kühlschrank stellen.

4 Banane-Blaubeere

  a Eine gefrorene Banane mit 1-2 EL Sojajoghurt, den gefrorenen Blaubeeren und etwas Kokosblütensirup in einen Mixer geben und durchmixen, bis eine cremige (»eisartige«) Konsistenz entsteht.

  b In einen Behälter umfüllen und ebenfalls in den Kühlschrank stellen.

5 Das Eis mit verschiedenen Toppings nach Belieben garnieren. Für dieses Rezept verwende ich Kokoschips und selbstgemachte Schokoladensauce (Rezept siehe Seite 180)

VEGANE KEKSE

20 Stück · 5 Minuten Vorbereitungszeit · 20 Minuten Zubereitungszeit

Was du brauchst

- » 200 g Datteln (entsteint)
- » 200 g Mandeln
- » 100 g feine Haferflocken
- » Zimt
- » 1 Tafel vegane Schokolade (Sorte nach Belieben)
- » etwas heißes Wasser

Wie's geht

1 Alle Zutaten (bis auf die Schokolade) in einen Mixer geben. Ein wenig heißes Wasser hinzufügen und gut durchmixen, bis eine grobkörnige Masse entsteht.

2 Aus dem Teig lassen sich nun kleine Taler formen (die Hände dafür am besten mit Wasser anfeuchten). Ein Backblech mit Backpapier auskleiden und die Kekse gleichmäßig darauf verteilen.

3 Das Blech bei 180 °C Ober- und Unterhitze in den vorgeheizten Backofen schieben und für etwa 15 Minuten backen.

4 Währenddessen die Schokolade in einem Wasserbad schmelzen.

5 Die Kekse aus dem Backofen nehmen und auskühlen lassen. Anschließend bis zur Hälfte in die flüssige Schokolade eintunken und aushärten lassen.

PS

Datteln sind ein ausgezeichnetes Süßungsmittel, da sie voller essenzieller Mineralien sind.

KAROTTENKUCHEN

1 Kuchen (Form mit ø 22 cm) · 15 Minuten Vorbereitungszeit · 1 Stunde Zubereitungszeit

Was du brauchst

KUCHEN
- » 200 g Dinkelvollkornmehl
- » 50 g feine Haferflocken
- » 2 TL Backpulver
- » Prise Salz
- » 2 kleine Karotten (ca. 120 g - gerieben)
- » 200 g Apfelmus

- » 150 g Sojajoghurt
- » etwas Saft einer Zitrone
- » 1 TL Tahini
- » 4 EL Dattelpaste (Rezept siehe Seite 114)

GLASUR
- » 350 g Sojajoghurt
- » Saft aus 2 Zitronen

- » Saft aus 2 Orangen
- » 100 ml Haferdrink
- » 1 Packung Agar Agar (pflanzliches Geliermittel)

TOPPING
- » gehackte Cashewkerne
- » 1 unbehandelte Zitrone

Wie's geht

1 Zuerst alle trockenen Zutaten in einer Schüssel miteinander vermischen.

2 Danach die geriebenen Karotten sowie die flüssigen Zutaten hinzufügen.

3 Den Boden einer Springform mit Backpapier auskleiden, den Teig langsam hineinfüllen und gleichmäßig verteilen.

4 Den Backofen auf 180 °C Ober- und Unterhitze vorheizen und den Teig anschließend für 50-60 Minuten backen.

5 Den Kuchen aus dem Ofen nehmen, abkühlen lassen und quer in 2 Hälften schneiden (Ober- und Unterseite).

6 In der Zwischenzeit die Glasur vorbereiten: Das Sojajoghurt mit ¾ des Orangensafts und etwas Zitronensaft in einer Schüssel verrühren und beiseitestellen.

7 Den Haferdrink mit dem restlichen Orangensaft in einen Topf gießen und leicht erhitzen.

8 Sobald die Flüssigkeit heiß ist, Agar Agar hinzufügen und für 1-2 Minuten köcheln lassen, dabei immer wieder umrühren.

9 Die heiße Masse in die Schüssel mit der zur Seite gestellten Glasur leeren und verrühren.

10 Im nächsten Schritt die untere Hälfte des Kuchens zurück in die Springform legen, ¾ der Glasur darüber verteilen und die obere Hälfte als Deckel darauf platzieren.

11 Den Kuchen mit der restlichen Glasur, den Cashewkernen und der geriebenen Zitronenschale toppen. Für ca. 2 Stunden in den Kühlschrank stellen.

VEGANES »TIRAMISU« AUS DEM GLAS

2 Portionen · 10 Minuten Vorbereitungszeit · 4 Stunden Zubereitungszeit

Was du brauchst

- » 80 g Rawnola (Rezept siehe Seite 178)
- » ½ Block Naturtofu
- » 200 g Kokosjoghurt (hier sehr wichtig, da es dicker als normales Joghurt ist)
- » 1 Packung Vanillepuddingpulver
- » 1 Tasse Espresso
- » 3 EL Dattelsirup
- » 1 EL Backkakao

Wie's geht

1 Das Rawnola gleichmäßig in 2 Gläser verteilen und auf den Boden glatt pressen.

2 Tofu und Joghurt mit einer Tasse Espresso und dem Dattelsirup in einen Mixer geben und durchmixen, bis eine cremig-flüssige Masse entsteht.

3 Die Packung mit dem Vanillepuddingpulver zur Masse hinzufügen und verrühren.

4 Die eine Hälfte des »Tiramisus« in Gläser füllen, mit Backkakao bestreuen und danach mit dem restlichen »Tiramisu« auffüllen. Zum Schluss nochmals mit Backkakao bestreuen und durchrühren.

5 Die Gläser für mindestens 4 Stunden in den Kühlschrank stellen (noch besser: über Nacht).

VEGANE KOKOSKRONEN

40 Stück · 5 Minuten Vorbereitungszeit · 30 Minuten Zubereitungszeit

Was du brauchst

- » 200 g Kokosraspeln
- » 1 gehäufter EL Chiasamen
- » 2 TL geschmolzenes Kokosöl
- » 80 ml Haferdrink
- » 170 g Puderzucker
- » 1 Tafel vegane dunkle Schokolade (als Topping, Sorte nach Belieben)

Wie's geht

1 Die Chiasamen im Mixer mixen, bis sie zerkleinert sind.

2 In einer großen Schüssel Kokosraspeln, Chiasamen und Puderzucker mit Kokosöl und Haferdrink vermischen.

3 Die Masse für etwa 10 Minuten stehenlassen, damit sich die Chiasamen binden können.

4 Ein Backblech mit Backpapier auskleiden, aus der fertigen Masse kleine Kokoskronen formen und gleichmäßig auf dem Blech verteilen.

5 Das Blech für 15-20 Minuten bei 180 °C Ober- und Unterhitze in den vorgeheizten Backofen geben.

6 Die fertigen Kokoskronen aus dem Ofen nehmen und abkühlen lassen, bis sie hart sind.

7 Die Schokolade in einem lauwarmen Wasserbad schmelzen und die Kronen im Anschluss damit toppen.

LEFTOVER BANANABREAD PUDDING

4 Stunden Vorbereitungszeit · 4 Minuten Zubereitungszeit

Was du brauchst

» übrig gebliebenes Bananenbrot (alternativ auch Karotten-, Zucchini- oder Apfelkuchen)

» 400 ml Pflanzendrink
» 1 Packung Vanillepuddingpulver

Wie's geht

1 Das übrig gebliebene Bananenbrot in kleine Stücke zerteilen und gleichmäßig in einer Auflaufform platzieren.

2 Dann 100 ml des Pflanzendrinks mit ¾ des veganen Vanillepuddingpulvers in einem Topf vermischen und 1 Minute lang aufkochen lassen.

3 Den restlichen Pflanzendrink in den Topf geben und die Flüssigkeit in die Auflaufform mit dem Bananenbrot gießen.

4 Die Form für ca. 4 Stunden in den Kühlschrank stellen (noch besser: über Nacht).

Tipp

Dieses Rezept eignet sich dafür, übrig gebliebenen Kuchen oder andere Lebensmittel, die zu trocken geworden sind, zu »recyceln«. Anstatt sie wegzuwerfen, lassen sich daraus ganz einfach neue Gerichte zaubern. Einem Beste-Freundinnen-Date mit Kuchen und Kaffee für den nächsten Tag steht also nichts im Wege.

KLEINER VEGANER CHEESECAKE

1 Portion · 4 Stunden Vorbereitungszeit · 10 Minuten Zubereitungszeit

Was du brauchst

BODEN
» 80 g Rawnola (Rezept siehe Seite 178)

SCHICHT
» 80 g Cashewkerne
» Saft einer ½ Zitrone
» 2 EL Kokosflocken
» 2 EL Ahornsirup

TOPPING
» frische Beeren
» frische Feigen

Wie's geht

1 Die Cashewkerne für ca. 4 Stunden in warmem Wasser einweichen.

2 Danach gemeinsam mit Zitronensaft, Ahornsirup und Kokosflocken in einen Mixer geben und durchmixen, bis eine cremige Konsistenz entsteht.

3 Eine kleine Backform mit Frischhaltefolie auskleiden, das Rawnola gleichmäßig auf dem Boden verteilen und glatt pressen. Im Anschluss die Cheesecake-Masse darüberleeren und ebenfalls gleichmäßig verteilen. Für ca. 4 Stunden in den Kühlschrank stellen.

4 Zum Schluss mit frischen Beeren und Feigen toppen.

Info

Ich nenne dieses Rezept auch gern liebevoll den »Single-Cake«, da man ruhig mal die ganze Portion ohne schlechtes Gewissen aufessen kann.

AVOCADO-
SCHOKOLADEN-
PUDDING

2 Portionen · 5 Minuten Vorbereitungszeit · 5 Minuten Zubereitungszeit

Was du brauchst

- » 1 Avocado
- » 1 Banane
- » 2 EL Backkakao

- » 1 EL Kokosjoghurt
- » Minze

Wie's geht

1 Alle Zutaten in einen Mixer geben und gut durchmixen, bis eine cremige Konsistenz entsteht.

2 Den fertigen Pudding mit frischer Minze garnieren und servieren.

Tipp

Pudding passt perfekt für zwischendurch und lässt sich schnell zubereiten. Die Avocado schmeckt man so gut wie nicht heraus, wodurch diese Geheimzutat auch wirklich geheim bleibt. Sie und die Banane verleihen dem Pudding eine cremige Konsistenz, wobei letzteres eine gesunde Süße mitbringt.

SAFTIGER APFELKUCHEN MIT CASHEW-FROSTING

12 Stück · 15 Minuten Vorbereitungszeit · 1 Stunde Zubereitungszeit

Was du brauchst

KUCHEN

» 200 g Vollkornmehl
» 100 g Hafermehl
» 25 g Kokosblütensirup
» 300 g Apfelmus
» 3 EL Apfelessig
» 1 Packung Backpulver

» 2 Äpfel
» 120 ml Haferdrink
» Zimt (optional)

FROSTING

» 100 g eingeweichte Cashewkerne (diese für ein paar Stunden in warmem Wasser einweichen - noch besser: über Nacht)
» 120 g Sojajoghurt
» Saft einer Zitrone
» 2 EL Kokosblütensirup

Wie's geht

1 Vollkorn- und Hafermehl mit Backpulver und etwas Zimt in einer Schüssel vermischen.

2 Im nächsten Schritt die nassen Zutaten, also Apfelmus, Apfelessig sowie Haferdrink und Kokosblütensirup hinzufügen.

3 Die Masse in eine Backform gießen und anschließend im vorgeheizten Backofen bei 180 °C Ober- und Unterhitze für 1 Stunde backen.

4 In der Zwischenzeit das Frosting zubereiten: Dafür alle Zutaten in einen Mixer (Smoothie-Maker oder Standmixer) geben und gut durchmixen, bis eine cremige Konsistenz entsteht.

5 Sobald der Kuchen gebacken ist, aus dem Ofen nehmen, abkühlen lassen und das Frosting darauf verteilen. Zusätzlich mit Cashewkernen toppen.

6 Abschließend für ca. 1 Stunde in den Kühlschrank stellen, damit das Frosting schön fest wird.

SCHOKOPRALINEN

8 Pralinen · 5 Minuten Vorbereitungszeit · 30 Minuten Zubereitungszeit

Was du brauchst

- » 150 g Datteln (entsteint)
- » 40 g Mandeln
- » 2 EL Backkakaopulver
- » 2 EL Backkakaopulver für den Überzug

Wie's geht

1 Die Datteln, Mandeln sowie 2 EL Back-kakaopulver im Mixer mixen, bis eine klebrige Konsistenz entsteht.

2 Nun können aus der Masse kleine Bäll-chen geformt werden (die Hände dazu am besten anfeuchten).

3 Die geformten Pralinen in den restlichen 2 EL Backkakaopulver wälzen und zur Aufbewahrung in den Kühlschrank stel-len. Diese sind ca. 1 Monat haltbar.

Info

Eine süße Versuchung muss nicht immer ungesund sein. Diese Schokopralinen schmecken zwar sehr süß und sind für Naschkatzen perfekt geeignet, bestehen aber dennoch aus gesunden Zutaten.

VEGANER MANGO-BLAUBEER-CHEESECAKE

12 Stück · 10 Minuten Vorbereitungszeit · mindestens 4 Stunden Zubereitungszeit

Was du brauchst

BODEN
» Rawnola (Rezept siehe Seite 178)

MANGOSCHICHT
» 170 g Naturtofu
» 330 g Kokosjoghurt

» 100 ml Haferdrink (optional auch andere Pflanzendrinks)
» 1 Packung Agar Agar
» 2 Mangos (essreif)
» 3 EL Kokossirup

BLAUBEERSCHICHT
» 150 g Blaubeeren (tiefgekühlt)
» 10 g veganes Vanillepuddingpulver
» frische Blaubeeren

Wie's geht

1 Für den Kuchenboden das Rawnola gleichmäßig in eine mit Frischhaltefolie ausgekleidete Kuchenform pressen. Hier am besten eine Form verwenden, bei der sich der Ring abnehmen lässt (meine Kuchenform hat einen Durchmesser von 22 cm).

2 Die Mangos gut waschen, in kleine Stücke schneiden und mit dem Naturtofu, Kokosjoghurt und etwas Kokossirup in einen Mixer geben. Gut durchmixen, bis eine cremige, aber noch leicht flüssige Masse entsteht.

3 Danach die 100 ml Haferdrink in einem Topf aufkochen, 1 Packung Agar Agar hinzufügen, verrühren und noch mal kurz aufkochen lassen. Rasch den Drink zur Mango-Masse geben und gut durchmischen.

4 Die Masse in die Kuchenform über den Rawnola-Boden gießen.

5 Die Form für mindestens 4 Stunden in den Kühlschrank stellen (noch besser: über Nacht).

6 Am nächsten Morgen die tiefgefrorenen Blaubeeren in einen Topf geben, auftauen, das Puddingpulver untermischen und im Anschluss über dem Cheesecake verteilen. Mit ein paar frischen Blaubeeren garnieren und noch mal kurz in den Kühlschrank stellen.

VEGANE KAROTTEN BROWNIES

6 Stück · 5 Minuten Vorbereitungszeit · 10 Minuten Zubereitungszeit

Was du brauchst

- » 2 kleine Karotten (gerieben)
- » 50 g Haferflocken
- » 260 g Datteln (entsteint)
- » 80 g Cashewkerne
- » 60 g Backkakaopulver
- » Schuss Wasser

Wie's geht

1 Alle angegebenen Zutaten sowie einen Schuss Wasser im Mixer durchmixen, bis die Masse eine leicht klebrige Konsistenz erhält.

2 Im nächsten Schritt eine Backform nach Wahl mit Frischhaltefolie auskleiden und die fertige Masse in die Form umfüllen.

3 Die Backform für 1-2 Stunden in den Kühlschrank stellen.

4 Den fertigen Teig aus der Form heben, in gleich große Stücke schneiden und mit etwas Backkakaopulver bestreuen.

PEANUTBUTTER ENERGY BALLS

8 Stück · 5 Minuten Vorbereitungszeit · 10 Minuten Zubereitungszeit

Was du brauchst

- » 60 g Haferflocken
- » 60 g Erdnussbutter
- » 1 EL Kokosblütensirup

- » 1 Tafel vegane dunkle Schokolade (Sorte nach Belieben)

Wie's geht

1 Die Hälfte der veganen Schokolade in kleine Stücke zerteilen.

2 Die restlichen Zutaten in eine Schüssel geben, gut durchmischen und aus der Masse kleine Bällchen formen (dazu am besten die Hände anfeuchten).

3 Falls die Masse durch die Erdnussbutter zu trocken wird, etwas Wasser hinzugeben.

4 Die zweite Hälfte der veganen Schokolade ebenfalls zerkleinern, sodass sich die geformten Bällchen darin rollen lassen. Diese sind ca. 1 Monat im Kühlschrank haltbar.

HIMBEER SCONES

8 Stück · 10 Minuten Vorbereitungszeit · 30 Minuten Zubereitungszeit

Was du brauchst

» 180 g Haferflocken
» 30 g Kokosnussmehl
» 150 ml Haferdrink (oder ein Pflanzendrink nach Belieben)

» 30 g Kokosblütenzucker
» 120 g Himbeeren (frisch oder tiefgefroren)
» 1 EL Backpulver

GLASUR
» 1 ½ EL Puderzucker
» etwas Saft einer Zitrone

Wie's geht

1 Alle trockenen Zutaten in einer Schüssel miteinander vermischen.

2 Dann die flüssigen Zutaten hinzufügen und noch einmal ordentlich durchmischen.

3 Den Backofen vorheizen und ein Backblech mit Backpapier auskleiden.

4 Die fertige Masse kreisförmig auf das Blech pressen.

5 Anschließend für 25 Minuten im vorgeheizten Ofen bei 170 °C Ober- und Unterhitze backen.

6 Sobald die Scones fertig sind, das Blech aus dem Ofen nehmen und abkühlen lassen. Danach die Masse in 8 gleich große Stücke schneiden.

7 Abschließend noch Zitronensaft mit etwas Puderzucker vermischen und über den Himbeer Scones verteilen. ACHTUNG: DURCH ZU VIEL ZITRONENSAFT WIRD DIE KONSISTENZ ZU DÜNNFLÜSSIG.

SCHOKO-BANANEN-MUFFINS

8 Muffins · 10 Minuten Vorbereitungszeit · 20-30 Minuten Zubereitungszeit

Was du brauchst

- » 160 g Buchweizenmehl
- » 1 reife Banane
- » 50 g Apfelmus
- » 70 g Joghurt
- » 2 EL Backkakao
- » 1 TL Vanillezucker
- » 2 EL Backpulver
- » 1 Tafel vegane Schokolade (Sorte nach Belieben)

Wie's geht

1 Die Banane mit einer Gabel zu einer breiigen Konsistenz zerdrücken.

2 Nun die restlichen Zutaten (bis auf die Schokolade) in einer Schüssel miteinander vermischen.

3 Die Schokolade klein hacken und in den Teig unterheben.

4 Den Teig auf die Muffinförmchen aufteilen und im vorgeheizten Backofen bei 175 °C Ober- und Unterhitze für 20-25 Minuten backen.

5 Sobald die Muffins fertig sind, das Blech aus dem Ofen nehmen und abkühlen lassen.

Info

Dies ist wohl das einfachste Muffins-Rezept aller Zeiten und man kann kaum glauben, dass sie trotzdem so lecker schmecken. Dazu kann ich auch eine kleine Anekdote erzählen: Einmal kündigte sich eine Freundin ganz spontan zum Kaffee an. Meine Mama, eine leidenschaftliche Gastgeberin, wurde niemals müde zu betonen, wie wichtig es sei, zum Kaffee auch immer etwas Süßes zu servieren. Diese Eigenschaft habe ich von ihr übernommen – also musste etwas Süßes her! Ich habe den Küchenschrank aufgerissen und geschaut, was er denn zu bieten hatte. Die paar Zutaten, die ich noch finden konnte, habe ich in eine Schüssel geworfen und keine 30 Minuten später standen die frischen Muffins schon am Tisch! Den Taste-Test meiner Freundin haben sie zu unserer Freude sogleich bestanden.

BLAUBEER– BANANENBROT

12 Portionen · 15 Minuten Vorbereitungszeit · 55 Minuten Zubereitungszeit

Was du brauchst

- » 120 g Haferflocken (feinblättrig)
- » 70 g Buchweizenmehl
- » 70 g Dinkelvollkornmehl
- » 1 TL Zimt

- » 1 Packung Backpulver
- » 4 reife mittelgroße Bananen
- » 50 g Kokosblütenzucker
- » 35 g Olivenöl

- » 3 Handvoll Blaubeeren (frisch oder tiefgefroren)
- » 100-200 ml Haferdrink
- » Schuss Sprudelwasser

Wie's geht

1 Die beiden Mehlsorten samt Haferflocken, Zimt, Zucker und Backpulver in einer Schüssel verrühren.

2 Jetzt können der Haferdrink, das Öl und 3 zerdrückte Bananen (das gelingt am besten mit der Gabel) hinzugefügt werden, anschließend kommt noch ein Schuss Sprudelwasser dazu.

3 Den Backofen auf ca. 180 °C Ober- und Unterhitze vorheizen.

4 Abschließend die Blaubeeren hinzugeben, ehe alles vorsichtig durchgemixt wird.

5 Den Teig in eine beschichtete Form gießen und die 4. Banane als Garnierung oben drauflegen.

6 Ins Rohr stellen und für 50 Minuten backen.

7 Danach das fertige Bananenbrot aus dem Backofen holen und kurz abkühlen lassen.

KÜRBISPOMMES MIT GUACAMOLE UND DIP

2 Portionen · 10 Minuten Vorbereitungszeit · 30 Minuten Zubereitungszeit

Was du brauchst

» 1 kleiner Hokkaidokürbis
» 3 EL Olivenöl
» Salz
» Pfeffer
» getrocknete Kräuter
» Gewürze nach Wahl

GUACAMOLE

» 1 Avocado
» 4 Cherrytomaten
» Salz
» Pfeffer
» etwas Saft einer Zitrone

KRÄUTERDIP

» 3 EL Kokosjoghurt
» frische Kräuter
» Salz
» Pfeffer
» etwas Saft einer Zitrone

Wie's geht

1 Den Kürbis gut waschen und in kleine Streifen schneiden, die Schale kann man ruhig dran lassen.

2 Die restlichen Zutaten in einer Schüssel miteinander vermischen und die Kürbisstreifen damit marinieren.

3 Den Backofen vorheizen und ein Backblech mit Backpapier auskleiden.

4 Die Kürbisstreifen auf dem Blech verteilen und möglichst so anordnen, dass sie sich nicht berühren.

5 Jetzt können sie bei 180 °C Ober- und Unterhitze für 30-40 Minuten gebacken werden. Nach der Hälfte der Zeit die Kürbisstreifen wenden.

6 In der Zwischenzeit die Dips zubereiten. Für die Guacamole die Avocado halbieren, entkernen, aushöhlen und das Innere mit einer Gabel zerdrücken. Die Tomaten in kleine Stücke schneiden und hinzugeben. Nun etwas Zitronensaft darüberträufeln, mit Salz und Pfeffer würzen und gut durchmischen – fertig.

7 Für den Kräuterdip alle angegebenen Zutaten in eine Schüssel geben und gut miteinander vermischen.

8 Sobald die Kürbisstreifen weich sind, das Blech aus dem Ofen nehmen, kurz abkühlen lassen und mit den Dips servieren.

GEMÜSECHIPS

2 Portionen · 10 Minuten Vorbereitungszeit · 45 Minuten Zubereitungszeit

Was du brauchst

- » 2 kleine Süßkartoffeln
- » 2 kleine Kartoffeln
- » 1 Zucchini
- » 4 Karotten

- » Olivenöl
- » Salz
- » Pfeffer
- » Thymian

- » Paprika Edelsüß
- » Knoblauchsalz

Wie's geht

1 Zuerst das Gemüse gut waschen, gegebenenfalls schälen und in sehr feine Scheiben schneiden oder mit einem Gemüsehobel hobeln.

2 Anschließend in eine Schüssel geben und mit etwas Olivenöl und den Gewürzen (Menge nach Belieben) gut durchmischen.

3 Nun gibt es 2 Optionen: Entweder man frittiert das Gemüse für 25-30 Minuten in einem Airfryer bei 180 °C Ober- und Unterhitze (zwischendurch immer wieder umrühren) oder man lässt es im vorgeheizten Backofen bei 170 °C Umluft ca. 45 Minuten backen.

Tipp

Die Chips eignen sich nicht nur als Fernsehsnack, sondern sind auch richtig lecker als Beilage zu Burgern und Co. So kann man seine Gäste mit wenig Aufwand ziemlich beeindrucken.

BEILAGEN

SCHNELLE BUCHWEIZEN-BRÖTCHEN

8 Brötchen · 10 Minuten Vorbereitungszeit · 30 Minuten Zubereitungszeit

Was du brauchst

- » 150 g Buchweizenmehl
- » 100 g Weizen- oder Vollkornmehl
- » 4 gehäufte EL Haferflocken
- » ½ Packung Backpulver
- » ½ TL Salz
- » 180 g Sojajoghurt
- » 1 EL Olivenöl
- » Sprudelwasser
- » Sesam

Wie's geht

1 Buchweizenmehl, Weizen- bzw. Vollkornmehl, Haferflocken, Backpulver und etwas Salz in einer Schüssel vermischen.

2 Sojajoghurt, Olivenöl sowie Sprudelwasser hinzufügen und vermengen, bis eine teigartige Konsistenz entsteht (dieser kann ruhig etwas klebrig sein). Bei Bedarf mehr Wasser oder Mehl hinzugeben, um den perfekten Teig zu bekommen.

3 Aus dem Teig kleine Brötchen formen. Ein Backblech mit Backpapier auskleiden und diese darauf verteilen.

4 Anschließend mit etwas Sesam garnieren.

5 Für 30 Minuten im vorgeheizten Backofen bei 200 °C Ober- und Unterhitze backen, bis sie schön knusprig sind.

TOFU-SESAM PATTIES

8 Patties · 15 Minuten Vorbereitungszeit · 45-50 Minuten Zubereitungszeit

Was du brauchst

» 350 g Naturtofu
» 1 Handvoll Mandeln
» ½ Zwiebel
» 1 EL Tahini
» 2 EL Hefeflocken
(optional)

» Salz
» Saft einer Zitrone
» Pfeffer
» 2 Handvoll Petersilie
» 80 g Kichererbsenmehl
(optional auch ein anderes

Mehl für eine nicht-
glutenfreie Variante)
» 3 EL Haferflocken
(feinblättrig)
» Sesamkerne

Wie's geht

1 Zuerst den Tofu, die Zwiebel, die Hefe-flocken und 2 EL vom Kichererbsenmehl mit Tahini, Zitronensaft, Petersilie, Pfeffer und Salz in einen Mixer geben. So-lange mixen, bis eine klebrige Masse mit einer teigigen Konsistenz entsteht. ACHTUNG: NICHT ZU LANGE MIXEN, SONST WIRD SIE ZU FLÜSSIG.

2 Als nächstes wird die Tofu-Masse in eine Schüssel umgefüllt.

3 Das restliche Kichererbsenmehl sowie die Haferflocken zum Teig hinzufügen und durchkneten, bis der Teig noch klebriger wird. ACHTUNG: IST DIE KONSISTENZ ZU KLEBRIG, MEHR KICHERERBSENMEHL VERWENDEN — IST ER ZU FEST, EINEN SCHUSS WASSER HINZUFÜGEN.

4 Die Hände anfeuchten und aus dem Teig kleine Patties formen.

5 Den Sesam in eine Schüssel füllen und jedes Patty auf beiden Seiten in die Sesamkerne tunken.

6 Den Ofen auf 180 °C Ober- und Unter-hitze vorheizen und ein Backblech mit Backpapier auskleiden.

7 Die Patties im vorgeheizten Ofen für ca. 45 Minuten backen, bis sie leicht braun sind.

8 Die Patties eignen sich nun ideal für Sandwiches, Burger, zu Saucen etc. Der Kreativität sind hier keine Grenzen gesetzt.

ZUCKERFREIES GRANOLA

8 Portionen · 10 Minuten Vorbereitungszeit · 50-60 Minuten Zubereitungszeit

Was du brauchst

- » 500 g Haferflocken (großblättrig)
- » 2 Äpfel
- » 50 g Nüsse nach Wahl
- » 50 g Trockenfrüchte nach Wahl (meine Favoriten: Maulbeeren, Preiselbeeren, Rosinen, Kürbiskerne)

Wie's geht

1 Die Nüsse mit einem Messer ordentlich zerkleinern.

2 Die gehackten Nüsse mit den Haferflocken in eine Schüssel füllen.

3 Im nächsten Schritt die Äpfel gut waschen, halbieren und entkernen. Die Äpfel entweder mit einem Pürierstab pürieren oder in den Mixer geben.

4 Das Püree zu der Haferflocken-Nussmischung hinzugeben. Für mehr Süße kann hier noch etwas Sirup hinzugefügt werden.

5 Den Ofen auf 180 °C Ober- und Unterhitze vorheizen und ein Backblech mit Backpapier auskleiden.

6 Die klebrige Masse gleichmäßig auf dem Backblech verteilen und für 50-60 Minuten backen.

7 Das Granola alle 10-15 Minuten mit einem Holzlöffel durchrühren.

8 Sobald es goldbraun ist, kann das Granola aus dem Ofen geholt und z.B. mit Preiselbeeren, Rosinen, Maulbeeren oder Kürbiskernen garniert werden.

9 Abkühlen lassen und in einen luftdichten Behälter umfüllen (bei trockener Lagerung hält Granola bis zu 1 Monat).

PIKANTES GRANOLA

500 ml Einmachglas · 10 Minuten Vorbereitungszeit · 25 Minuten Zubereitungszeit

Was du brauchst

TROCKENE ZUTATEN

» 200 g Haferflocken
(großblättrig)
» 150 g Quinoa
» 3 EL Sesamkerne
» 120 g Mandeln

FLÜSSIGE ZUTATEN

» 4 EL Apfelessig
» 2 EL Tahini
» 2 EL Ahornsirup
(funktioniert aber auch mit
einem anderen Sirup)
» 2 EL Senf

» Pfeffer
» 2 EL Hefeflocken
» Paprikapulver
» Rosmarin
» Salz
» Kräutermix
» Schuss Wasser

Wie's geht

1 Die Mandeln mit einem Messer in grobe Stücke hacken.
2 Anschließend alle trockenen Zutaten in einer Schüssel miteinander vermischen.
3 Danach die flüssigen Zutaten in einer anderen Schüssel miteinander vermischen.
4 Die flüssige Mischung zu den trockenen Zutaten hinzufügen und miteinander vermengen.
5 Ein Backblech mit Backpapier auskleiden und die gesamte Masse gleichmäßig darauf verteilen. Das Granola noch einmal gut durchmischen, damit grobe Klümpchen entstehen (das sorgt für mehr Crunch).
6 Nun bei 180 °C Ober- und Unterhitze für etwa 25 Minuten in den Backofen schieben. Das Granola nach der Hälfte der Zeit mit einem Kochlöffel durchrühren.
7 Das fertige Granola aus dem Ofen holen, abkühlen lassen und in ein luftdichtes Einmachglas füllen (bei kühler Lagerung ist es bis zu 3 Monate haltbar).

Tipp

Granola lässt sich hervorragend mit frischem Salat kombinieren, eignet sich aber genauso gut für kalte und warme Suppen oder zu einem Eintopf.

RAWNOLA

8 Portionen · 5 Minuten Vorbereitungszeit · 10 Minuten Zubereitungszeit

Was du brauchst

- » 200 g Datteln (entsteint)
- » 100 g Haferflocken (großblättrig)
- » 80 g Mandeln
- » 2 EL Backkakaopulver
- » 1 TL Zimt

Wie's geht

1 Die Datteln zunächst in warmem Wasser einweichen.
2 Anschließend alle Zutaten in einen Mixer geben und durchmixen, bis eine Rawnola-Masse entsteht (sollte sie zu trocken sein, einfach einen Schuss warmes Wasser hinzufügen).

PS

Es gab eine Zeit, da war ich so süchtig nach Rawnola, dass ich es jeden Tag gegessen habe – egal ob zum Frühstück oder als Snack für zwischendurch. Generell ist Rawnola so vielseitig einsetzbar, weshalb es hier im Kochbuch auch öfter als Zutat oder Beilage zu finden ist. Aber Vorsicht: Suchtgefahr!

EINFACHE SCHOKOLADEN-SAUCE

1 Portion · 5 Minuten Vorbereitungszeit · 5 Minuten Zubereitungszeit

Was du brauchst

» 2 EL Backkakaopulver

» 2 EL Kokosblütensirup (funktioniert auch mit Agavensirup)

» Pflanzendrink (nach Belieben)

Wie's geht

1 Zuerst Backkakaopulver und Sirup vermischen. Im Anschluss nach Belieben Pflanzendrink hinzufügen, je nachdem, wie flüssig die Schokoladensauce werden soll.

CHIA-
BEERENMARMELADE

2 kleine Gläser (à 250 g) · 5 Minuten Vorbereitungszeit · 20 Minuten Zubereitungszeit

Was du brauchst

» 400 g Beeren (frisch oder tiefgefroren)
» Saft einer ½ Zitrone
» 3 EL Chiasamen
» Süßungsmittel nach Wahl (für dieses Rezept verwende ich Kokosblütensirup)

Wie's geht

1 Die Beeren in einer Pfanne mit Zitronensaft aufkochen.
2 Anschließend ein Süßungsmittel nach Wahl hinzufügen (mein Tipp: Kokosblütensirup).
3 Vom Herd nehmen, 3 EL Chiasamen untermischen und für 10-15 Minuten zur Seite stellen, damit die Chiasamen aufquellen können.
4 Nachdem die Masse abgekühlt ist, in Gläser abfüllen. Bei kühler Lagerung ist die Marmelade bis zu 1 Woche haltbar.

QUINOA-BLAUBEER RIEGEL

9 Stück · 10 Minuten Vorbereitungszeit · 30 Minuten Zubereitungszeit

Was du brauchst

- » 120 g Haferflocken (feinblättrig)
- » 120 g Quinoa (gekocht)
- » 2 TL Backpulver
- » 1 TL Zimt
- » Salz
- » 200 ml Haferdrink
- » 3 EL Mandelmus
- » 3 EL Kokosblütensirup
- » 4 EL Apfelmus
- » 250 g frische Blaubeeren
- » 1 EL Chiasamen (alternativ: 1 EL Leinsamen)
- » 2 EL lauwarmes Wasser

Wie's geht

1 Den Ofen auf 180 °C Ober- und Unterhitze vorheizen.

2 Die Chiasamen in 2 EL lauwarmem Wasser für 5-10 Minuten einweichen lassen.

3 Alle Zutaten (bis auf die Blaubeeren) in einer Schüssel zu einem Teig vermischen.

4 Danach die Blaubeeren vorsichtig unter den Teig heben.

5 Den Teig in eine 20 x 20 cm Backform umfüllen, die entweder mit Backpapier ausgekleidet oder mit Öl ausgefettet ist.

6 Für 20-25 Minuten goldbraun backen.

7 Nach dem Abkühlen die Masse aus der Form holen und in 9 gleich große Riegel schneiden. Diese können 4-5 Tage lang im Kühlschrank aufbewahrt werden.

Tipp

Die Riegel sind perfekt für unterwegs oder als Snack zwischendurch. Besonders eignen sie sich als Pre-Workout-Snack: Der Magen ist nicht zu voll, die Zutaten liefern dennoch viel Energie und bereiten einen ideal aufs Training vor!

VEGANE HIMBEER-MÜSLIRIEGEL

6 Stück · 10 Minuten Vorbereitungszeit · 25 Minuten Zubereitungszeit

Was du brauchst

- » 120 g Haferflocken (feinblättrig)
- » 40 g Mandeln
- » 120 ml Haferdrink
- » 50 g Kokosblütensirup
- » 100 g Himbeeren

Wie's geht

1 Zuerst die Mandeln mit einem Messer in kleine Stücke hacken.

2 Danach mit den restlichen Zutaten in einer Schüssel vermischen.

3 Den Backofen auf 180 °C Ober- und Unterhitze vorheizen und ein Backblech mit Backpapier auskleiden.

4 Die Masse gleichmäßig auf dem Backblech verteilen und für 25-30 Minuten backen.

5 Das Blech aus dem Ofen nehmen und abkühlen lassen – danach in gleich große Riegel schneiden und auf einem Teller anrichten. Diese sind ca. 1 Woche im Kühlschrank haltbar.

VEGANER PARMESAN

10 Portionen · 5 Minuten Vorbereitungszeit · 5 Minuten Zubereitungszeit

Was du brauchst

- » 70 g Cashewkerne
- » 3 EL Hefeflocken
- » 1 TL Salz
- » ¼ EL Knoblauchpulver

Wie's geht

1 Alle Zutaten in einen Mixer geben und durchmixen, bis eine fein-bröselige Masse entsteht.

2 Die Mischung anschließend in einen luftdichten Behälter umfüllen und gut verschließen.

3 Serviervorschlag: Der vegane Parmesan landet als Topping auf fast jeder meiner Speisen, da er ihnen den letzten gewissen Kick an Geschmack verleiht. Dieser ist ca. 1 Monat in einem luftdicht verschlossenem Behälter haltbar.

DANKSAGUNG

Als ich angefangen habe, wieder öfter den Kochlöffel zu schwingen, hätte ich nie damit gerechnet, dass dadurch mein eigenes Kochbuch entstehen würde. Dabei hat mir das viele Kochen im ersten Corona-Lockdown geholfen. Ich habe Zeit gehabt, Stunden und Tage in der Küche zu verbringen, viele Rezepte auszuprobieren und allerlei zu entdecken. Auch kleinere Rückschläge waren dabei, wenn sich etwa ein Rezept nicht wie geplant in die Tat umsetzen lassen wollte. Ich bin aber immer dran geblieben und habe dabei einmal mehr feststellen können, dass Kochen nicht nur ein Hobby für mich ist, sondern eine richtige Leidenschaft.

Ein besonders großes Dankeschön möchte ich an dieser Stelle meinem Freund ausprechen. Er war es nämlich, der mich dazu angeregt hat, wieder mehr zu kochen! Nicht nur hat er mir dabei geholfen, mein kleines Homestudio aufzubauen und meine Einkäufe nach Hause zu tragen, sondern hat auch alle meine Gerichte einer geschmacklichen Bewährungsprobe unterzogen.

Zu guter Letzt ein Danke an den Dachbuch Verlag, der meinen kleinen Traum vom eigenen Kochbuch möglich gemacht hat. Danke für die Hilfe in Sachen Umsetzung und Design! Ich freue mich, dass jetzt die Möglichkeit besteht, einen kleinen Teil von meiner Kreativität zu Hause zum Schmökern bei mir zu haben.

Viel Spaß beim Ausprobieren und Nachkochen meiner Rezepte!

Eure Susanna